终盘

决战的秘密

weiqi ruduan jiaocheng

围棋入段教程

赵余宏 赵帆 编著

ZHONG PAN JUE ZHAN DE MIMI

清晰、高效的**进阶之路**

成都时代出版社
CHENGDU TIMES PRESS

U0615977

图书在版编目（CIP）数据

围棋入段教程．终盘决战的秘密 ／ 赵余宏，赵帆编
著．－－ 成都 ：成都时代出版社，2024.12

ISBN 978-7-5464-3374-5

Ⅰ．①围… Ⅱ．①赵… ②赵… Ⅲ．①围棋－教材
Ⅳ．① G891.3

中国国家版本馆 CIP 数据核字 (2024) 第 020969 号

围棋入段教程：终盘决战的秘密

WEIQI RUDUAN JIAOCHENG:ZHONGPAN JUEZHAN DE MIMI

赵余宏　赵　帆 编著

出 品 人　达　海
责任编辑　李　林
责任校对　樊思岐
责任印制　黄　鑫　曾译乐
装帧设计　成都九天众和

出版发行　成都时代出版社
电　　话　（028）86742352（编辑部）
　　　　　（028）86615250（营销发行）
印　　刷　成都蜀通印务有限责任公司
规　　格　185mm×260mm
印　　张　16.5
字　　数　264 千
版　　次　2024 年 12 月第 1 版
印　　次　2024 年 12 月第 1 次印刷
书　　号　ISBN 978-7-5464-3374-5
定　　价　60.00 元

前　言

常言道："棋之胜负在终盘。"由此可见终盘战的重要性，终盘的官子和布局与中盘共同构成一个完整的对局。

业余棋手轻视官子，这是一个极大的缺点。即使是专业棋手之间的对局，进入终盘以后，也经常会出现胜负逆转的情况。其中，由于收官使得盘面局势急转直下的例子更是屡见不鲜。曾有人说，围棋的胜负取决于谁犯最后一个错误。最后的错误，一般是官子的错误。因此，官子的重要性也就可想而知了。一般说来，官子强的人胜率也高，这一点已被多次证明。

本书就是为不擅长官子的围棋业余爱好者编写，因为有许多人对官子感到头痛。书中着重介绍了实战中常见的大官子和官子手筋，具有很强的实用性。我们的讲解既不会深奥难解，也不会枯燥无味，谁都可以看懂学会，并能从中得到乐趣。

也可以说，业余棋手的弱点主要在于官子，只有掌握一定的官子知识，并将其运用到实战中去，收官的能力才会得到提高。所以，希望读者能通过本书的学习，尽快提高收官的能力，从而提高对局的胜率。

在本书编写的过程中，笔者得到了有关专家的大力支持与帮助，在此一并表示感谢。

见此图标 🔳 微信扫码
走进围棋人段"云"课堂

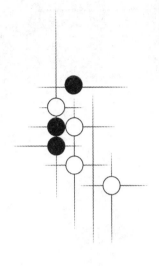

目　录

围棋入段"云"课堂

学习对弈技巧
探索入段奥秘

WEIQIRUDUAN

扫码获取

围棋精讲

在线视频课程，助力围棋入段。

要点「棋」聚

夯实围棋知识，击破学习难点。

天纵「棋」才

知名棋手故事，品读围棋人生。

棋友交流

在线读者交流，分享学棋心得。

第一章

实战中常见的大官子

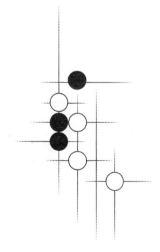

我们知道，布局、中盘后即进入官子阶段，而官子阶段所面临的第一个问题就是：什么是大官子？

大官子虽然不会影响棋的死活，但它往往比中盘的一手棋大。当你了解具有代表性的大官子之后，实战中就更能把握良机。

确切地知道一个官子有多少目，这在实战对局中会给我们带来相当大的方便。因为，有许多官子的价值是基本确定的，如果记住这些官子价值的大小，既可节省时间，又能提高准确度，那就会使你在收官时准确判定收官的次序，进而提高终盘的实力。

本章将向大家介绍一些常见定式以后所遗留的大官子，以及一些经常在对局中出现的大官子，具有很强的实用性。

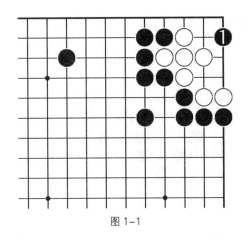

图1-1

（图1-1）由于白棋角上并未干净，所以，黑1的点入是一步大官子，有5目强。

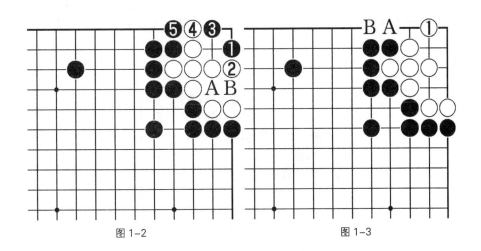

图1-2　　　　　　　　　　　　　　图1-3

（图1-2）黑1点后，白2挡是必然的一手，除此之外都无法做活。

以下至黑5双方成必然，由于黑A位扑，白B位提是绝对先手，所以角上成双活。

（图1-3）为了防止角上成双活，白1位虎是正确的下法。

这样，白角地成6目棋。以后，白A位扳和黑B位挡的交换，黑空有少1目棋的可能性，所以前图黑1点是5目强的官子。

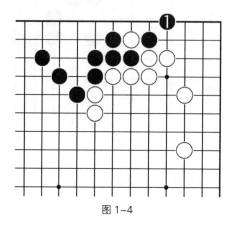

图1-4

（图1-4）黑1尖，是此形收官的常用手筋，是具有先手6目的大官子。

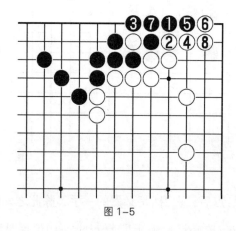

图1-5

（图1-5）对黑1尖，白2只能打吃，以下至白8粘成必然。

白4如在5位打，则黑在4位断打劫，此劫对白来说较重。

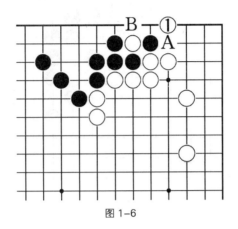

图 1-6

（图1-6）在这个场合，白1跳是逆先手收官的好手。

之后，黑A位冲和白B位立均是后手8目，折半计算则是4目棋，加上比前图多2目，所以白1跳是逆先手6目。

白1跳后，黑如A位冲，则是白棋先手2目。

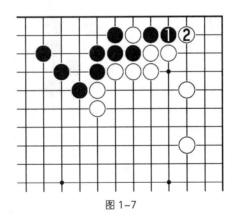

图 1-7

（图1-7）黑如1位爬，则是典型的大俗手，与正解图相比，明显损了2目棋。

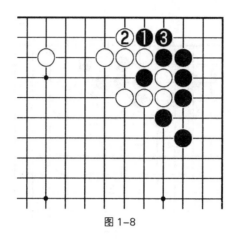

图1-8

（图1-8）黑1、3扳粘，是后手8目的官子，与单吃四个子是相等的价值。

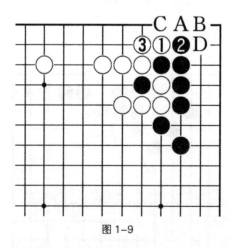

图1-9

（图1-9）相反，白1、3扳粘也是后手8目的官子。之后，白A、黑B、白C、黑D是白棋的权利。

本图与前图相比，黑地少了5目，白地增加了3目，总计8目。

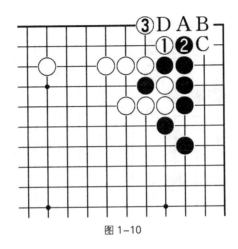

图 1-10

（图1-10）白如于3位虎，虽有A位扳做劫的手段，但黑B位打后，白如C位打，黑D提，白棋负担太重。

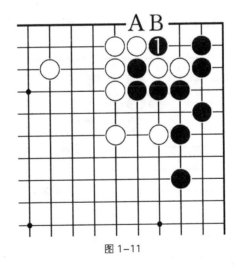

图 1-11

（图1-11）此形在实战中很常见，黑1断吃白二子是后手8目强的官子。

之后，白A和黑B立大致如此。

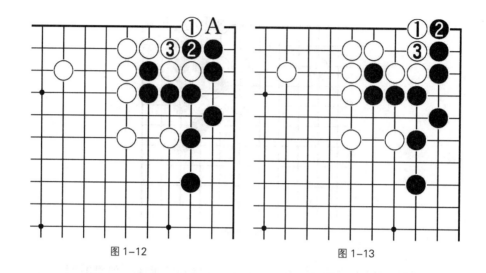

图1-12   图1-13

（图1-12）白1跳，是收官的好手。如走2位挡，被黑1位打明显受损。

以后A位双方抢到的概率各占五成，所以说有8目强。

（图1-13）对白1跳，黑如2位挡，与前图相比，黑稍损。

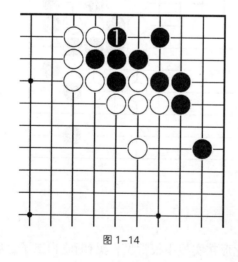

图1-14

（图1-14）黑1挡看似很小，其实是一步很大的官子，这手棋有8
目。

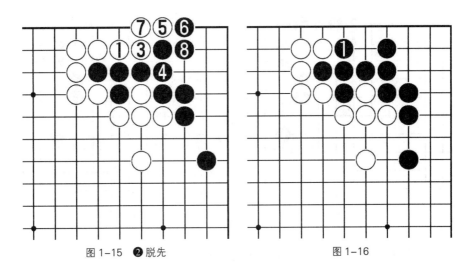

图1-15　❷脱先　　　　　　　　　　　图1-16

（图1-15）白1爬虽是后手，但以后3位打吃至黑8粘是白棋的权利。

本图是前图相比，黑地少了6目，白地多了2目，相加总计8目。黑2如在3位应，则白1爬是先手3目。

（图1-16）假如棋形变换一下，本图黑1的挡只是4目的官子，与（图1-14）相比，价值减少了一半。

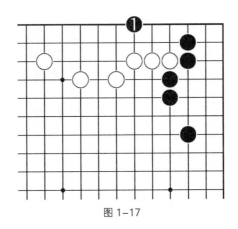

图1-17

（图1-17）这个棋形在实战中很常见，也很实用。

黑1"仙鹤大伸腿"是先手8目的官子。

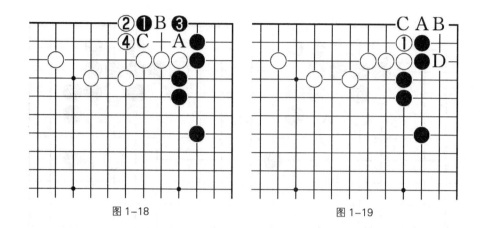

图1-18   图1-19

（图1-18）对黑1大飞，白2靠是正确的下法，以下至白4成必然。之后，白A挤，黑B接是先手权利。白4不能随手在C位打，黑B接后，A位挤成后手，白损半目。

（图1-19）白1挡是逆先手8目。之后，白A、黑B、白C、黑D是白棋的先手权利。

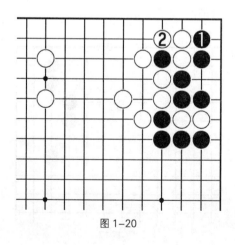

图1-20

（图1-20）这是小目定式所形成的棋形。黑1挡相当引人注目，白2提一子很大，这样，黑1是先手8目强的官子。

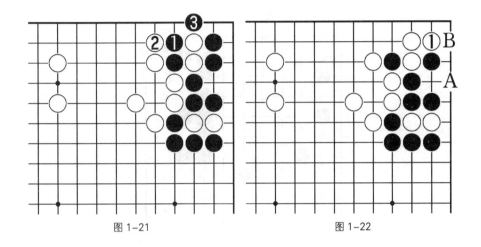

图1-21　　　　　　　　　　　图1-22

（图1-21）前图白2如脱先，被黑于本图1、3位吃掉白二子太大，一般情况下白棋不肯这么下。

（图1-22）白1曲是逆收官子，之后白A位点和黑B位扳各占五成。

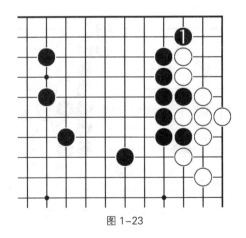

图1-23

（图1-23）这是星位点角后形成的棋形。黑1位扳是逆先手8目的官子，往往不被人们注意，实际是一步很大的官子。

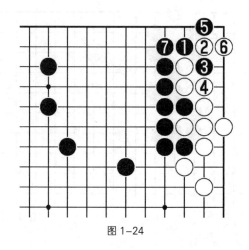

图 1-24

（图1-24）白2扳时，黑3、5先断打是正确的下法，至黑7成必然。

黑3如直接在7位粘，将来5位的扳不是绝对先手。

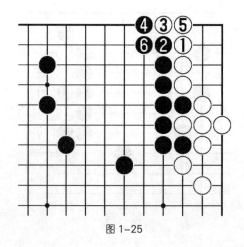

图 1-25

（图1-25）白1单立是先手收官的好手，以下至黑6粘，与前图相比出入8目棋。所以，前图黑1是逆先手8目。

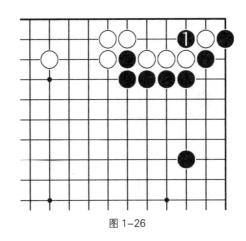

图 1-26

（图1-26）黑1断吃一子，是后手9目的大官子，也格外引人注目。

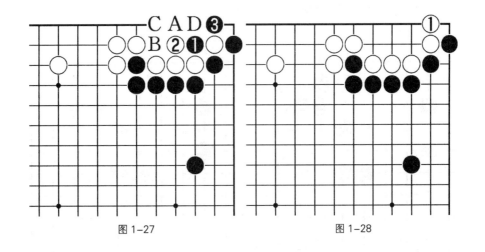

图 1-27　　　　　　　　　　　　　图 1-28

（图1-27）黑1、3吃掉白一子，是相当大的官子。

以后，黑A、白B、白C、黑D大致如此。

（图1-28）白1立后，与前图相比，白地多了5目，黑地少了4目，总计9目。

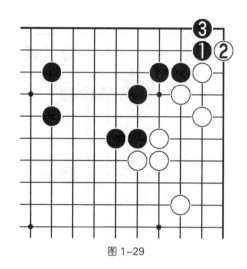

图1-29

（图1-29）这是小目定式形成的变化。

黑1、3扳立，是后手9目的大官子。

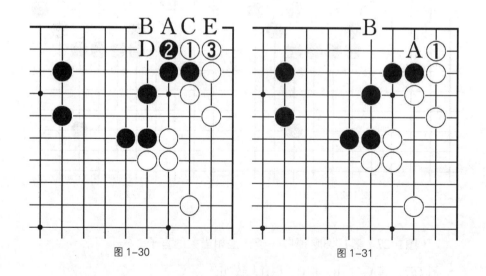

图1-30　　　　　　　　　　图1-31

（图1-30）白1、3扳粘是正常的下法，以后白A、黑B、白C、黑D是白棋的权利。与前图相比，双方出入相加是9目。

如劫材有利，白3在E位虎有力，将来A位扳时，黑只能D位退，这样，白棋可便宜2目。

（图1-31）白1单立也是有力的下法，黑如A位挡，则白成先手，黑如不走，白有B位大飞的手段。

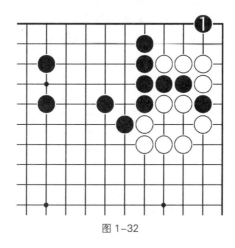

图 1-32

（图-32）黑1大飞，这手棋是后手9目的官子。

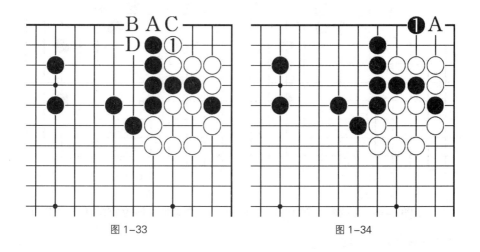

图 1-33　　　　　　　　　　图 1-34

（图1-33）白1挡后，白A、黑B、白C、黑D是白棋的权利。

本图与前图相比，白地多了7目，黑地少了2目，总计9目。

（图1-34）黑如1位小飞则是错误的下法，因为白有A位靠的手段，黑明显受损。

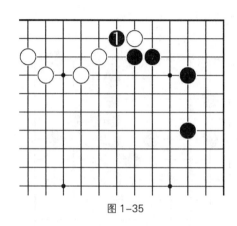

图 1-35

（黑1-35）这是实战中常见之形。

黑1扳，是逆先手9目的官子。

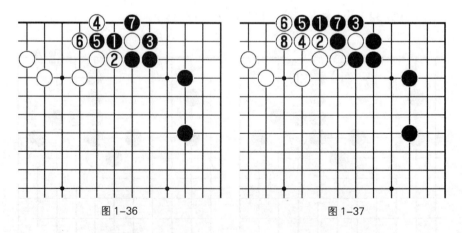

图 1-36   图 1-37

（图1-36）白2断，黑3单拐吃是好手。白4跳，是收官的手筋，以下至黑7双方大致如此。

（图1-37）前图白4如脱先，黑于1位小尖是收官的手筋。

以下至白8，黑先手获利，与前图相比，黑便宜了2目棋。

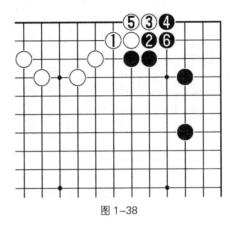

图1-38

（图1-38）白1退，黑2拐，白3以下至黑6粘，白成先手收官。

本图与（图1-36）相比，出入相加是9目。这样，白1是先手9目的官子。

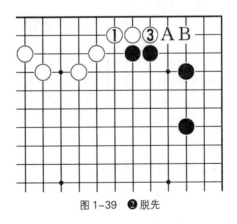

图1-39　❷脱先

（图1-39）白1退时，黑2若脱先，被白3长太大。黑A扳，白B夹有力，白角上味道太恶。

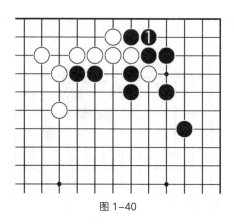

图 1-40

（图1-40）黑1在二路上粘，一般有6目至8目的价值，但本形却是后手10目的大官子。

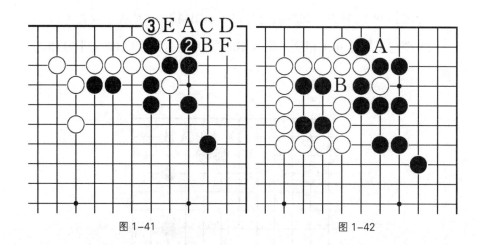

图 1-41   图 1-42

（图1-41）白1、3吃掉黑一子后，白A以下至黑F的官子是白棋的权利。

本图与前图相比，双方出入相差10目。

（图1-42）如图的形状，A位和B位都是10目价值的官子。

至于选择哪点，首先应考虑厚实和味道好的下法。

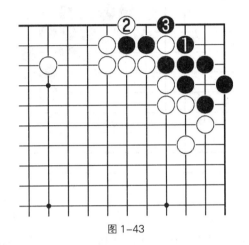

图 1-43

（图1-43）黑1吃一子的变化很简单，这手棋是后手10目的官子。

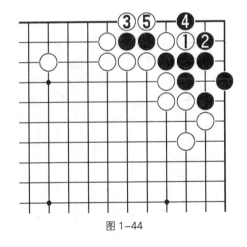

图 1-44

（图1-44）白1、3吃掉黑二子后，至白5成必然。与前图相比，黑白出入各5目棋，总计10目。

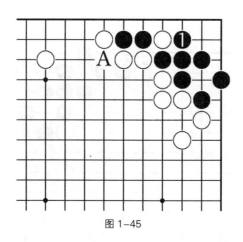

图 1-45

（图1-45）假如是本图的形状，黑1吃掉白一子虽是10目，但由于白棋外边有A位断点，仍须后手补，黑1变成了先手，明显比前两图的后手要大。

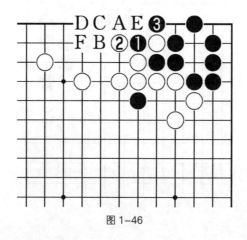

图 1-46

（图1-46）这是实战中常见的高目定式。

黑1、3打拔后，以下黑A位至白F位是黑棋的权利。黑1这手棋是后手10目的官子。

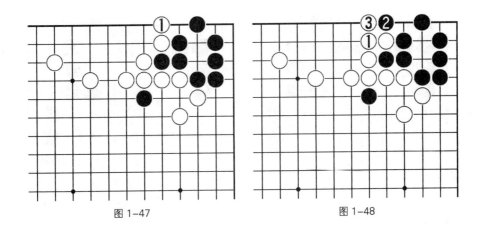

图 1-47　　　　　　　　　　　图 1-48

（图1-47）白1立是正确的收官下法，形状虽有些薄，但是此场合的好手。

与前图相比，白地多了7目，黑地少了3目。

（图1-48）白如随手在1位粘，黑2扳后，白有少1目的可能性，折半算，比前图白1立损了半目。

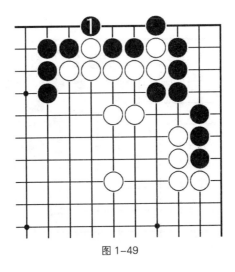

图 1-49

（图1-49）黑1渡过，第一感不大，但实际却是一步后手10目的官子。

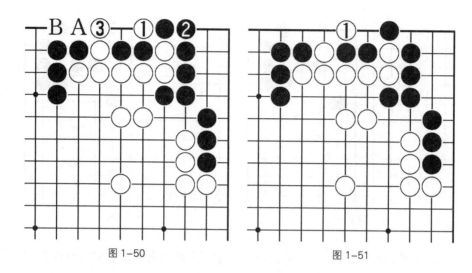

图1-50　　　　　　　　　　　　图1-51

（图1-50）白1扑，是收官的好手。以下至白3立吃掉黑二子是正确的下法，之后白A、黑B大致如此。

此图与前图相比，双方出入各5目。

（图1-51）白1单打吃是平凡的一手，与前图相比，白损失了1目强。

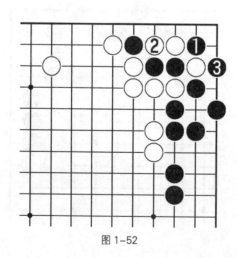

图1-52

（图1-52）黑1断打，再3位渡过，是后手约10目的官子。

白2不能在3位立，否则黑在2位粘，白不行。

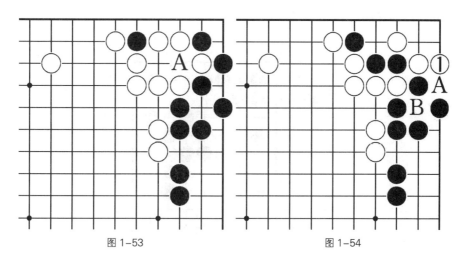

图1-53　　　　　　　　　图1-54

（图1-53）这是前图所形成的形状。

黑A位提和白A位粘应折半计算。

（图1-54）白1立后，白A、黑B大致如此。

本图与前图相比，由于有折半计算较为复杂。只要在下棋中，第一感知道这手棋有约10目的价值就可以了。

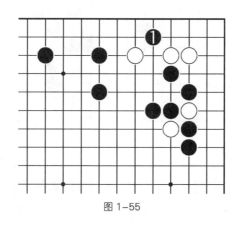

图1-55

（图1-55）是让子棋中常出现的形状。

黑1点入的攻击，不但相当严厉，而且目数也很大。这手棋具有先手10目以上的价值。

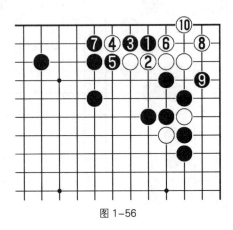

图1-56

（图1-56）面对黑1、3点爬的手段，白4先扳、再6位挡是正确的次序，然后8位做活，双方大致如此，黑先手获利很大。

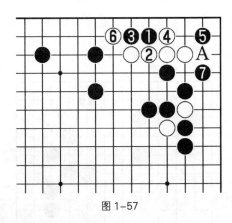

图1-57

（图1-57）前图白4如于本图4位单挡则是危险的下法。黑5是严厉的杀着，白6扳吃二子不活，至黑7渡过，白已无法做活。白6如于A位挡，黑则5位退，白也不活。

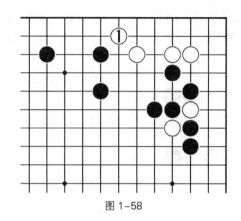

图 1-58

（图1-58）白1尖是逆先手官子，在实战中不可忽视，与（图1-56）相比，出入在10目以上。

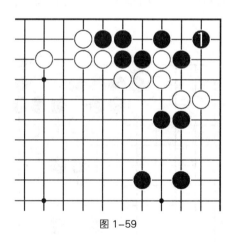

图 1-59

（图1-59）这是实战中星位点角后走出的常型。作为黑棋来说不存在生死问题，但黑1的虎却是逆先手约10目的大官子。

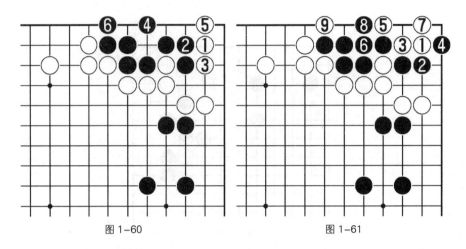

图1-60   图1-61

（图1-60）黑如脱先，白1点入是严厉的收官手筋。黑2粘是必然的一手，以下白3、5是先手权利。这个结果与前图相比，相差约10目，是中盘阶段的大官子。

（图1-61）白1点时，黑2挡是无理手。白3断后，以下至白9成打劫活，黑失败。

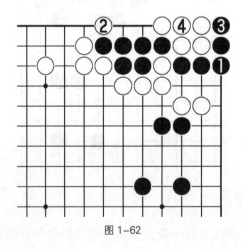

图1-62

（图1-62）前图黑8如于本图1位粘是大失着。白2扳后，黑3打吃时，白4接上后成"刀把五"死棋，黑显然不行。

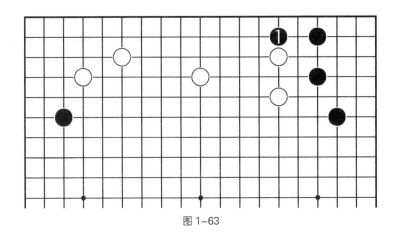

图 1-63

（图1-63）本图形状是由星定式而来，在实战对局中经常出现。

黑1托，是中盘后的一步最为引人注目的大官子，具有先手10目以上价值。

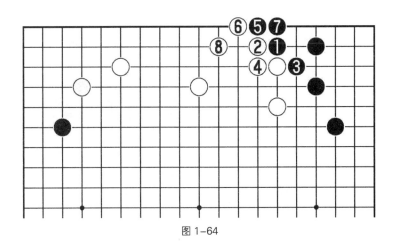

图 1-64

（图1-64）黑1托时，白2扳应必然。黑3虎正确，白4接亦冷静，以下黑5至白8定形，均为黑方的先手权利，其价值确实很大。

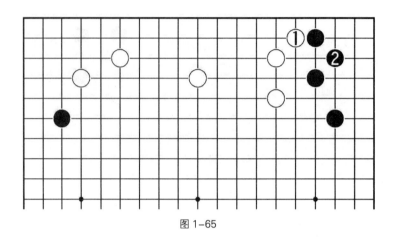

图 1-65

（图1-65）白方如果能在此先行，则在1位尖顶，黑方要想保住角地，势必在2位补。本图结果与前图相比，不但目数出入很大，而且双方均是先手。因此，这个地方要特别关注。

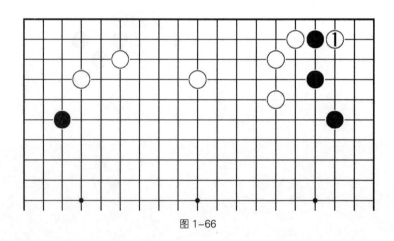

图 1-66

（图1-66）假如白棋尖顶后黑脱先不应，白1位夹很大，黑角空将被破掉。

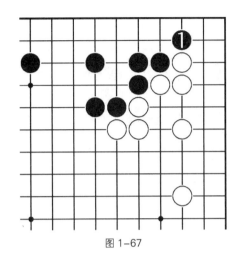

图 1-67

（图1-67）这个形，黑1扳是纯粹的收官手法，具有后手11目的价值。

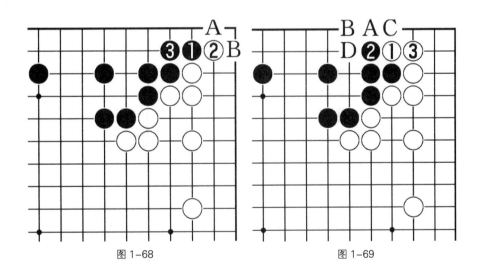

图 1-68　　　　　　　　　　图 1-69

（图1-68）黑1、3扳粘，以后黑A、白B的交换基本是黑的权利。

（图1-69）白1、3扳粘是正确的下法，以后，白A、黑B、白C、黑D是白棋的权利。本图与前图相比，双方出入11目。

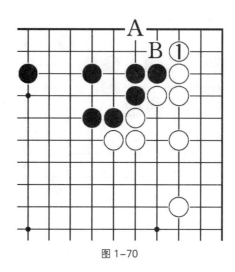

图 1-70

（图1-70）白1如单立，在此场合不好。因为，白A位能飞到的话，与前图相同，但如被黑B位挡后，白明显受损。

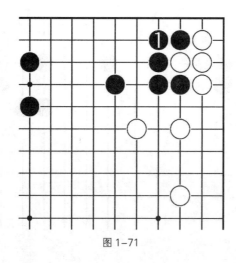

图 1-71

（图1-71）这是黑星位，白点三三之后走出的形状，这是实战对局中经常会出现的棋形。

黑在1位接是一步很大的官子，具有11目强的价值。

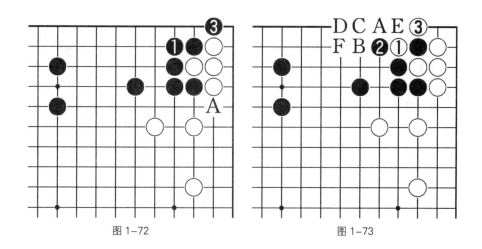

图 1-72   图 1-73

（图1-72）黑1位接后，双方占到3位的机会是均等的。假如被黑3位扣到，以后A位扣是黑的权利。

（图1-73）白1、3吃掉黑一子，以后白A至黑F的先手利是白方的权利。本图的结果与（图171）相比，黑地少了7目，白地多了4目，总计11目。

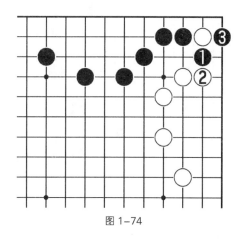

图 1-74

（图1-74）黑1、3扣吃白一子很大，具有后手11目的价值。

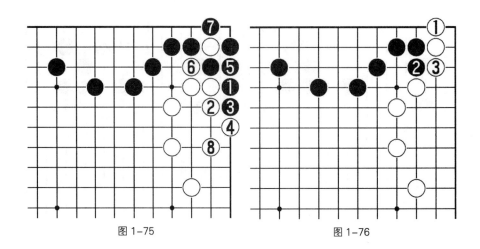

图1-75   图1-76

（图1-75）前图之后的变化。黑1扳，以下至白8是黑方的先手权利。白2如在3位打，可便宜2目。

（图1-76）白1立是收官的好手，至白3止，与前图相比，黑地少了约5目，白地多了约8目，总计约13目，关键看前图白2的下法。

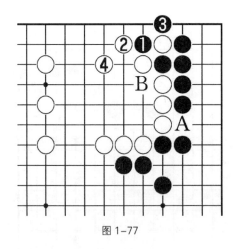

图1-77

（图1-77）黑1断打，是先手11目的大官子，白2、4后，黑A、白B是黑方的权利。

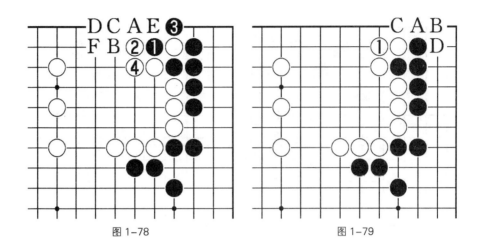

图 1-78　　　　　　　　　　　　图 1-79

（图1-78）黑1、3提一子后，白如4位接，以后黑A至白F是黑方的先手权利。本图白棋味道虽好，但与前图相比损失了2目棋，好坏难说。

（图1-79）白1接是逆先手官子，以后白A至黑D是白的先手权利。本图与（图1-77）相比，黑地少了6目，白地多了5目，总计11目。

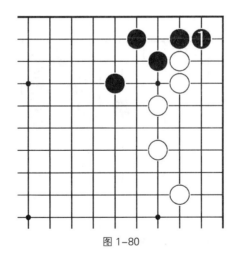

图 1-80

（图1-80）这是由高目定式所下出来的。黑1长，这是正确的收官方法，其价值为双方后手11目。

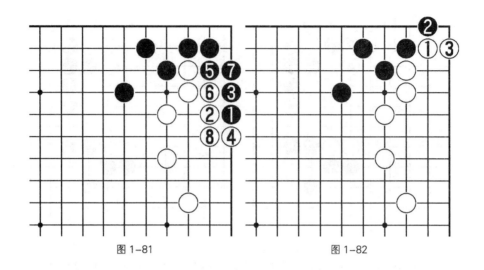

图1-81   图1-82

（图1-81）接前图。黑1大飞，这是黑棋的权利。白2至白8成必然，白方要围空非如此不可。

（图1-82）白方若能在此先行，则在1、3位扳立。本图与前图相比，白棋多了7目，黑棋少了4目，两者之和为11目。

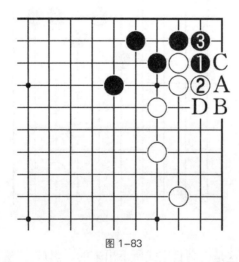

图1-83

（图1-83）黑如于本图1、3位扳粘，白当然要脱先，之后黑A至白D

是黑棋的权利。至此，将本图与（图1-81）相比较，黑棋明显损了2目棋。

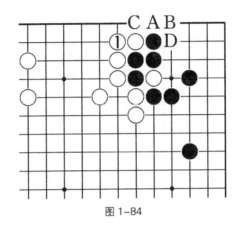

图 1-84

（图1-84）这是黑小目，白一间高挂，黑外靠的定式下出的形。

白1粘，是味道十分好的后手12目官子。以后白A至黑D是白棋的先手权利。

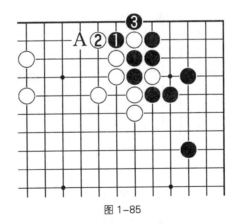

图 1-85

（图1-85）黑1、3打拔，不但目数很大，而且白棋味道变坏。比如黑A位夹，白棋难以应对。

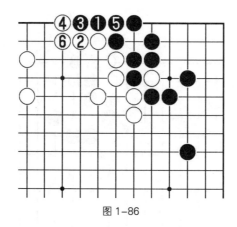

图 1-86

（图1-86）黑1扳至白6粘，是黑棋的先手权利，与（图1-84）相比，这是双方后手12目的大官子。

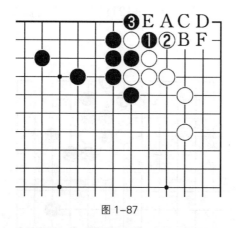

图 1-87

（图1-87）这是星定式产生的形状，黑1、3吃掉白一子，是一步很大的官子，以后黑A至白F是黑棋的先手权利。因此，黑1这手棋是后手12目的官子。

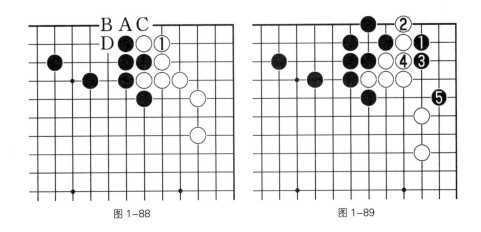

图1-88　　　　　　　　　　图1-89

（图1-88）白棋先行于1位粘，之后又产生了A至D位的先手权利。这样与前图相比，白棋多了7目，黑地少5目，总计为12目。

（图1-89）假如白棋是本图的形状，黑棋提一子后，留有1位夹以下求活的手段，那么，它的价值就更大了。

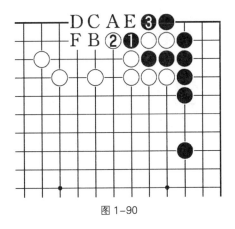

图1-90

（图1-90）这是个简单的官子问题，但绝对不可轻视。黑1、3吃掉白二子，之后黑A至白F是黑棋的先手权利。这是后手12目的大官子。

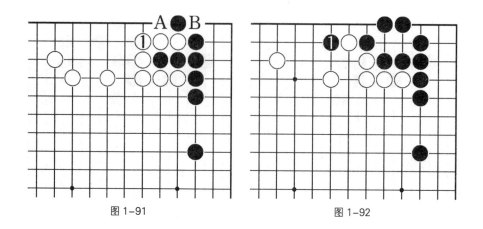

图1-91   图1-92

（图1-91）白1粘，之后白A、黑B是白棋的权利。本图与前图相比，白地多了7目，黑地少了5目，总计12目。

（图1-92）假如是本图的形状，黑1夹可以成立的话，黑提掉白二子的价值远远大于12目。

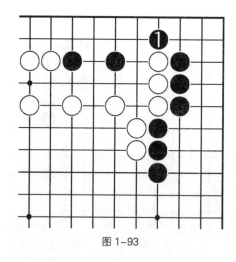

图1-93

（图1-93）这是星定式所产生的形状。黑1扳，是先手12目的大官子，颇为引人注目。

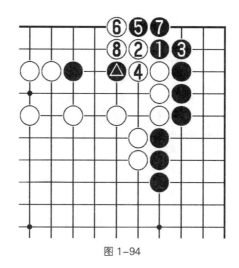

图 1-94

（图1-94）接前图。黑1、3先手扳粘后，黑5、7扳粘仍是先手。但要注意，只有黑▲一子完全没有活力时，黑5、7才能交换。本图与下图相比，是先手12目价值。

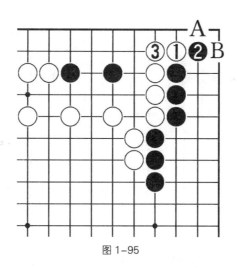

图 1-95

（图1-95）白1、3扳粘是逆先手官子，之后，白A、黑B大致如此。本图与前图相比，白地多了6目，黑地少了6目，总计12目。

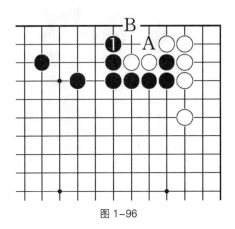

图 1-96

（图1-96）黑1立，也是常见的官子之形。之后，黑A位断吃白二子和B位跳应折半计算，黑1为12目的官子。

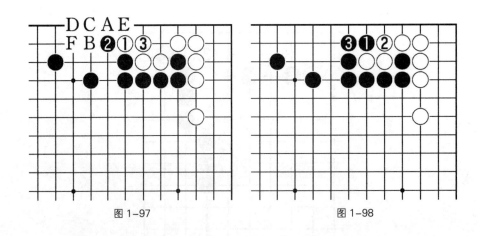

图 1-97   图 1-98

（图1-97）白1、3扳粘后，白A至黑F是白棋的先手权利。本图与前图黑A位断吃二子相差17目，和白B位跳相差7目，折半计算后为12目。

（图1-98）黑1、3扳粘的下法明显不好，损失了2目棋。

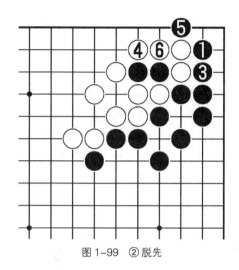

图1-99 ②脱先

（图1-99）这是"小雪崩"定式所产生的形状。黑1靠，具有很大的收官价值。白2脱先，黑3、5是黑棋的先手权利。黑1是后手12目的官子。

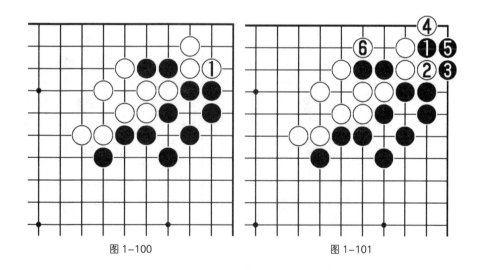

图1-100   图1-101

（图1-100）白1挡也是后手，与前图相比，白地多了8目，黑地少了4目，故这是双方后手12目的官子。

（图1-101）黑1靠时，白2若冲、白4打、白6只得后手补。如果这样的话，黑棋则成为先手6目的官子，白一般是不乐意的。

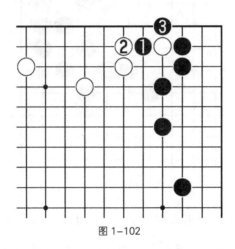

图1-102

（图1-102）黑1、3夹吃白一子是常见的收官手法，如果劫材有利的话，这手棋有12目的价值。

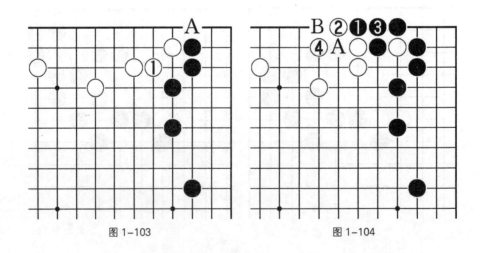

图1-103   图1-104

（图1-103）白1补是正确的下法，之后白A位扳是白棋的权利。

（图1-104）黑1扳时，白劫材多时可于2位挡，至白4可便宜2目。白如劫材不利，只能于A位退，黑2、白B、黑3、白4之后，与前图相比，黑地多了5目，白地少了7目，总计12目。

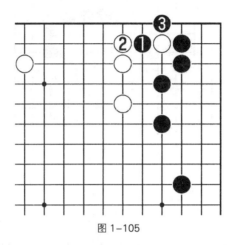

图1-105

（图1-105）假如白棋是本图的形状，由于白边上还存有打入的手段，黑1、3夹吃白一子时机尚早，因为这样帮白把边上补厚，黑不好。

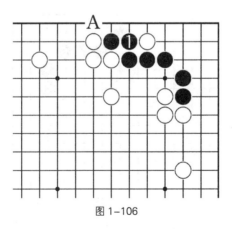

图1-106

（图1-106）黑1粘，不但味道好，而且目数很大，具有逆先手12目的价值，以后A位扳是黑棋的权利。

这手棋在实战中应特别注意。

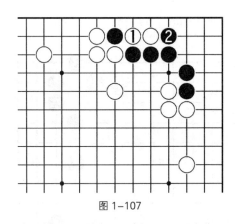

图 1-107

（图1-107）白1断吃一子是绝对的先手，黑2曲只能如此。

本图与前图相比，黑地少了6目，白地多了5目，总计11目。但由于黑角上还要补一手，所以是先手12目。

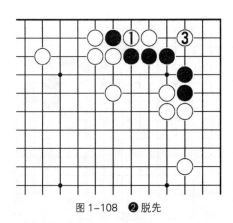

图 1-108　❷脱先

（图1-108）白1断时，黑2是不能脱先的，否则被白3跳入后，黑无法收拾。

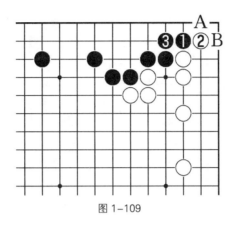

图 1-109

（图1-109）黑1、3的二路扳粘是后手13目的官子，之后，黑A位扳、白B位立是黑棋的权利。

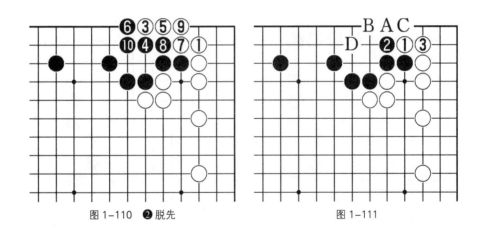

图 1-110 ❷脱先　　　　　　　　　图 1-111

（图1-110）白方在此先行，则在1位立，这是正确的收官下法。黑2脱先，之后白3大飞至黑10是白棋的先手权利。本图与前图相比，黑地少了7目，白地多了6目，所以这是双方后手13目的官子。

（图1-111）白1、3扳粘，是此时错误的收官下法，尽管之后A至D是白棋的先手权利，但比前图损了2目。

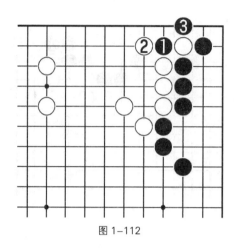

图1-112

（图1-112）黑1、3断吃一子是后手13目的大官子，与前形大致相同。

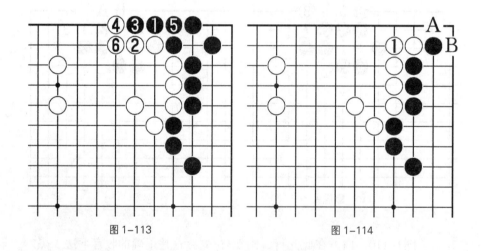

图1-113   图1-114

（图1-113）接前图。黑1至白6粘是黑棋的先手权利。白2一般是不敢在3位打的，因为黑2位断打劫，白棋太重。

（图1-114）白1粘后，A位扳、黑B立是白的权利。本图与前图相比，白地多了7目，黑地少了6目，总计13目。

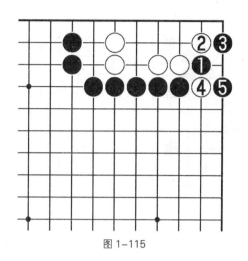

图 1-115

（图1-115）如果是本图的形状，黑棋的劫材又很有利，黑可于1、3、5位强行做劫，这是一种争胜负的下法。

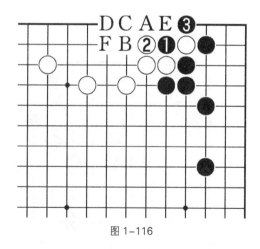

图 1-116

（图1-116）黑1、3断吃一子是后手13目的大官子，之后，黑A至白F是黑棋的先手权利。

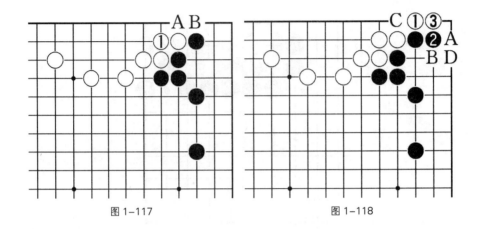

图1-117   图1-118

（图1-117）白1粘也是后手13目官子，以后黑A位扳和白B位扳应折半计算。

（图1-118）白于1位扳，至白3爬，之后白A至黑D大致如此。本图与（图1-116）相比，双方出入约16目，与被黑C位扳相比，出入9目。所以，折半计算为13目棋。

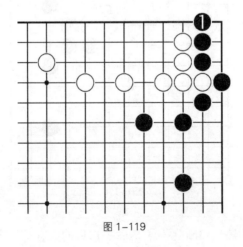

图1-119

（图1-119）黑1立，是不被人们注意的大官子，具有后手14目的价值。

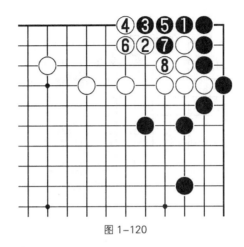

图 1-120

（图1-120）接前图。黑1拐，以下至白8是黑棋的先手权利。

假如白在1位挡是逆官子，相当于7目。

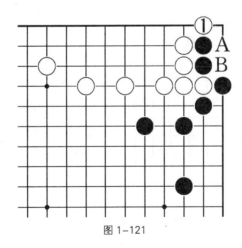

图 1-121

（图1-121）白1扳后，A位吃二子和黑B位粘是6目棋，折半应算3目
棋。本图与前图相比，白地多了7目，黑地少了4目，计11目，再加3目，
总计为14目。

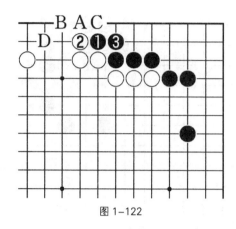

图1-122

（图1-122）黑1、3扳粘，是二线上价值最大的扳粘，是具有后手14目的官子。其后，黑A至白D是黑棋的先手权利。

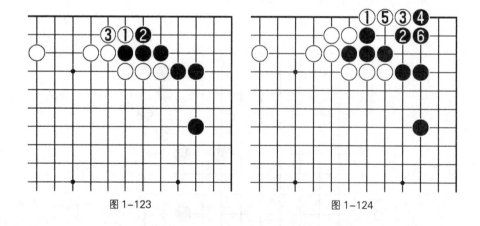

图1-123   图1-124

（图1-123）白1、3扳粘也是后手14目，由于黑棋气太紧，官子出入很大。

（图1-124）接前图。白1扳时，黑2尖是正确应法，白3托以下至黑6粘是白棋的权利。本图与（图1-122）相比，黑地少了9目，白地多了5目，总计14目棋。

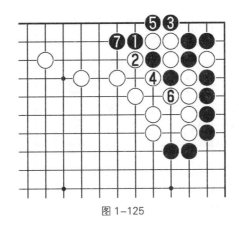

图 1-125

（图1-125）黑1连扳是收官的好手，以下通过舍弃二子至黑7长，具有后手约14目的大官子。

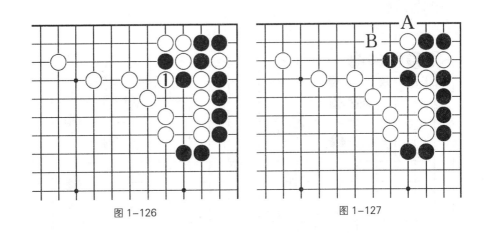

图 1-126   图 1-127

（图1-126）白1断打是后手，与前图相比，出入约有14目。

（图1-127）假如是本图的形状，黑1扳不好，被白A位立下后，黑无后续手段。

黑1应走A位扳是正确的下法，白只能B位跳。

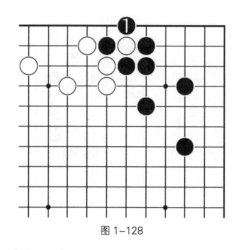

图1-128

（图1-128）这个形虽很简单，但却是一步很大的官子。黑1提，是后手14目的官子。

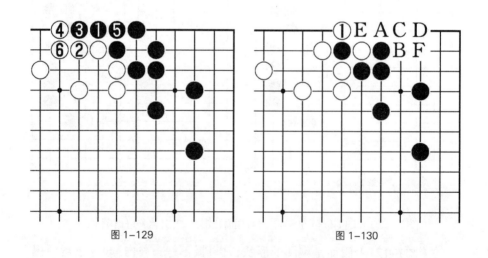

图1-129　　　　　　　　　图1-130

（图1-129）接前图。黑1扳至白6粘，是黑棋的先手权利。

（图1-130）白1提也是后手14目的大官子，以后白A扳至黑F是白棋的权利。本图与前图相比，白地多了7目，黑地少了7目，总计14目。

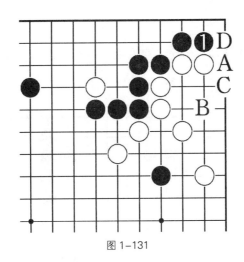

图1-131

（图1-131）这是黑小目后二间高夹走出的"妖刀"定式。黑1位挡，是后手14目的大官子。以后A位扳是黑棋的权利，白B位跳是正着，然后白C位、黑D位定形。

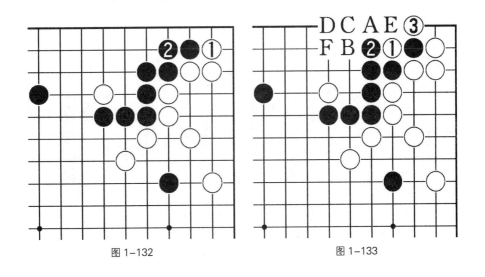

图1-132　　　　　　　　　图1-133

（图1-132）白1拐时，黑2粘是后手。

（图1-133）白1、3打拔也是后手，但A位扳至白F粘是白棋的先手权利。

本图与（图1-131）相比，双方相差19目，前图与（图1-131）相比出入9目，故这个官子为（19+9）÷2=14目。

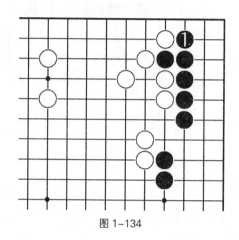

图1-134

（图1-134）这是"雪崩型"定式后出现的形，是比较具有代表性的官子。黑1挡，是后手14目的大官子。

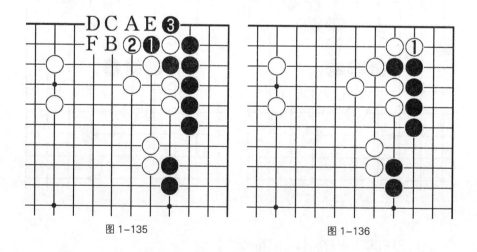

图1-135   图1-136

（图1-135）这是前图的后续手段。黑1、3打拔很大。之后A位扳至白F

粘是黑棋的权利。与白在1位粘相比，双方出入12目，折半计算应为6目。

（图1-136）白1爬，对黑棋生死并无影响，因此，这也是后手14目。

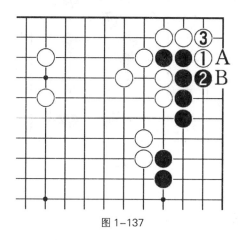

图 1-137

（图1-137）白1、3扳粘是后手，最后要按白A位和黑B位的定形计算。

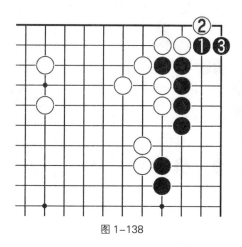

图 1-138

（图1-138）黑1、3扳立是后手，与前图相比，黑地多了3目，白地少了5目，总计8目，再折半计算，应为4目。所以，这个形是双方后手14目的官子。

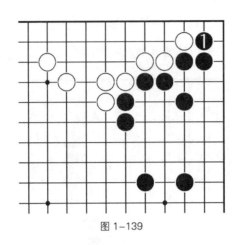

图1-139

（图1-139）这是小目定式下出来的形状。

黑棋在此处收官，1位拐是正确的下法，这手棋约是14目。

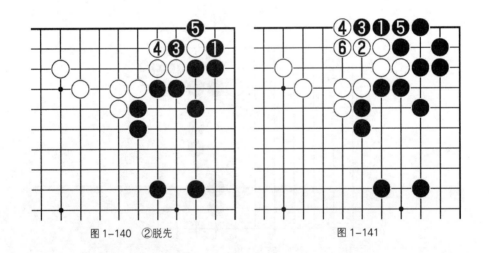

图1-140　②脱先　　　　　　　　　图1-141

（图1-140）黑1拐后，白2若脱先，黑3、5提掉一子很大，之后黑还有先手利益。

（图1-141）接前图。黑1扳，以下至白6粘是黑棋的先手权利。

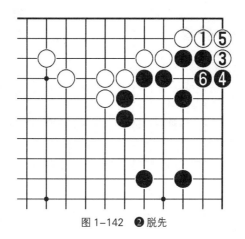

图 1-142　❷脱先

（图1-142）白先行当然在1位爬，黑2脱先后，白3至黑6粘是白棋的权利。本图与前图比，白地多了11目，黑地少了8目，出入19目。假如（图1-140）白2在3位粘，与本图出入9目。所以，最终折半计算后为14目。

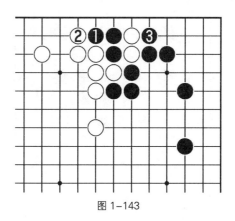

图 1-143

（图1-143）这个形计算起来简单，但却是个很大的官子。黑1、3吃掉白二子，是后手14目的官子。

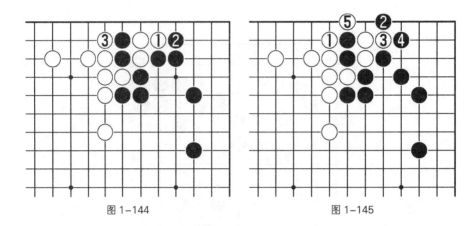

图1-144   图1-145

（图1-144）白先行也只能在1、3位吃掉黑二子。本图与前图相比，白地多了7目，黑地少了7目，总计是14目。

（图1-145）如果是本图的形状，白1单打是好手，黑2跳应也是好手，至白5大致如此。黑2如随手在3位打，白5提后，再于2位扳，黑不能挡，显然损了2目。

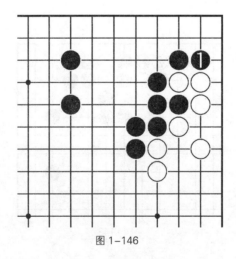

图1-146

（图1-146）这是由星定式演变而成的形状。黑1挡，是后手14目的大官子。

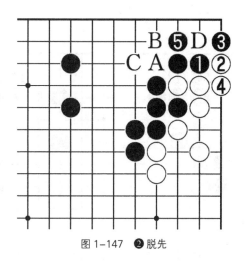

图1-147 ❷脱先

（图1-147）接前图。黑1挡后，白2、4扳粘是白的先手权利。白2不能在A位断，否则黑B、白C、黑D补后，白一无所获。

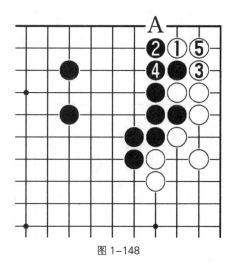

图1-148

（图1-148）白棋在此先行，于1位夹是此际的最佳收官手法。黑2虎，以下至白5为双方正常的应对，之后黑A位扳是黑的先手权利。本图与前图相比，出入为14目。

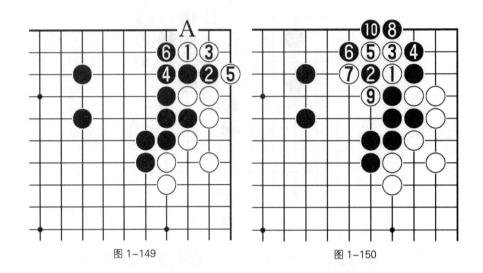

图1-149   图1-150

（图1-149）当白1夹时，黑2挡并不能阻止白棋联络，白3夹至黑6，黑在此反而落了后手，显然失败。以后还留有白A位立的大官子。

（图1-150）值得注意的是，有些读者在收官中经常会随手在本图1位断，黑2以下是强手，至黑10抱打，白损失惨重。

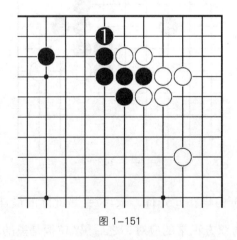

图1-151

（图1-151）黑1单立是正确的收官好手，具有后手14目的大官子。

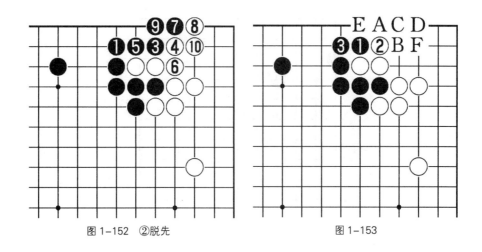

图1-152 ②脱先   图1-153

（图1-152）接前图。黑1立后，白2脱先，黑3以下至白10粘，是黑棋的先手权利。黑3如在7位大飞，则损失了2目棋。

（图1-153）黑如1、3位扳粘，是错误的下法。之后黑A位扳至白F粘虽是黑棋的权利，但与前图相比，黑损失了2目。

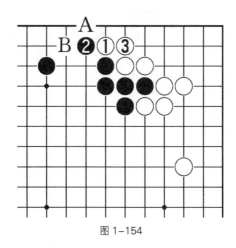

图1-154

（图1-154）若白棋先行，则在1、3位扳粘，之后白A、黑B是白棋的权利，与（图1-152）相比出入14目。

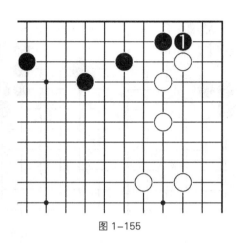

图 1–155

（图1–155）这是由星定式所下出来的形状，这样的形状在对局中出现的概率很高。因此，黑1位之点是双方必争之点，具有后手15目的价值。

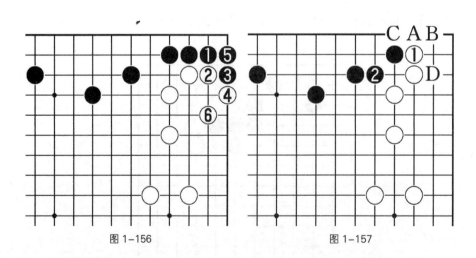

图 1–156   图 1–157

（图1–156）接前图。黑1立，以下至白6是黑棋的先手权利。

（图1–157）白1挡后，无论是黑补还是白棋夹都是后手，所以其价值要折半计算。假如是黑于2位补，其后A位扳至D位补是黑棋的权利。

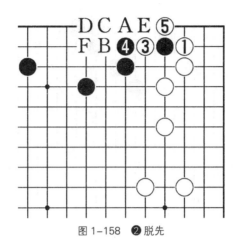

图 1-158　❷脱先

（图1-158）白棋也有一半的可能走到3位夹吃黑一子，以后A位扳至黑F粘是白棋的权利。双方出入折半计算后，此形为双方后手15目或16目。

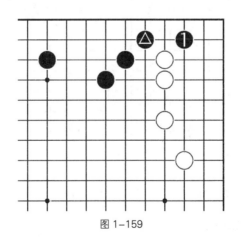

图 1-159

（图1-159）这是实战中常见之形。黑▲尖后，白如果脱先，黑1跳入是一步很大的官子，具有先手9目或后手15目的价值。

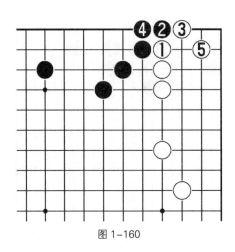

图 1-160

（图1-160）白1挡后，黑2、4扳粘是黑棋的先手权利。

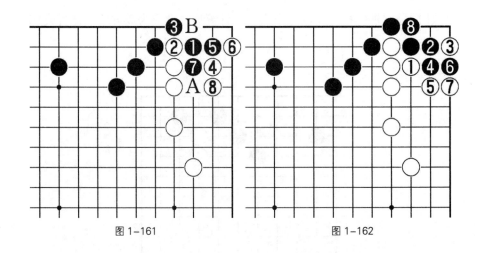

图 1-161　　　　　　　　　　图 1-162

（图1-161）黑1跳后，白2、4是普通的下法。以后黑5至白8是黑棋的权利，白A、黑B是白棋的权利。

本图的结果与前图相比，白地少了9目，但黑棋是先手9目。

（图1-162）白1、3是有力的收官手筋，以下至黑8止，白是先手。本图与（图1-160）相比，双方出入15目。

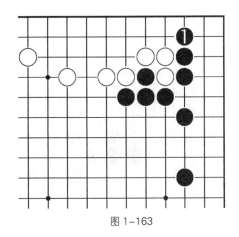

图 1-163

（图1-163）由于白棋气太紧，黑1单立是正确的收官下法，具有后手15目的价值。

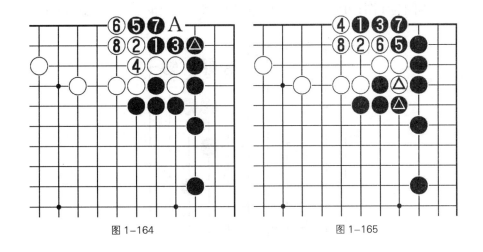

图 1-164　　　　　　　　　图 1-165

（图1-164）接前图。黑△立后，黑1以下至白8是正确的下法，也是黑棋的先手权利，有先手7目。如果白棋下，走A位跳是收官的好手。

（图1-165）黑如1位大飞则是错误的下法，以下至白8粘后，与前图相比，黑棋损了2目。假如白⊘和黑▲没有交换，黑1大飞是正确的下法。

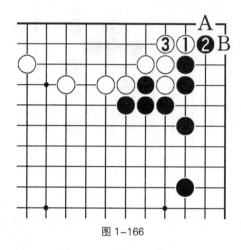

图 1–166

（图1–166）白1、3扳粘，之后白A、黑B是白棋的权利。

本图与（图1–164）相比，白地多了8目，黑地少了7目，总计15目。

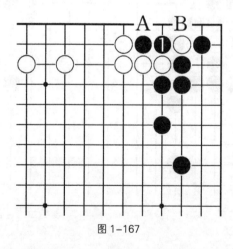

图 1–167

（图1–167）黑1断吃白一子是很大的官子，以后白A、黑B大致如此。

黑1是后手15目的大官子，相当引人注目。

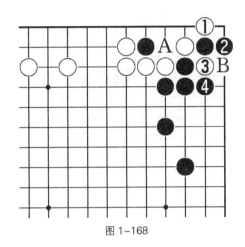

图 1-168

（图1-168）白1扳是收官的好手，如在A位粘则是大恶手。

黑如2位立，则白3先断是好手，先手防了黑A位断打的手段。黑2也有先A位打，再B位虎做劫的手段。

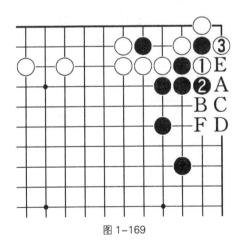

图 1-169

（图1-169）白棋扳后，黑如脱先，则白1、3打拔一子，之后白A至黑F是白棋的先手权利。

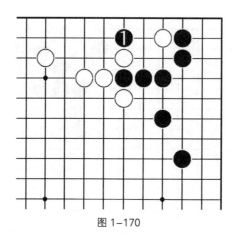

图 1-170

（图1-170）黑1夹是收官的好手筋，这手棋具有后手16目的价值。

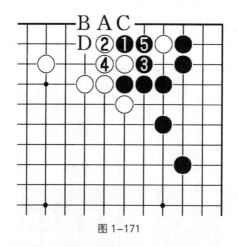

图 1-171

（图1-171）黑1夹后，白2只能如此，以下至黑5粘后，黑A至白D粘是黑棋的先手权利。白2如走3位，则黑于5位挤。

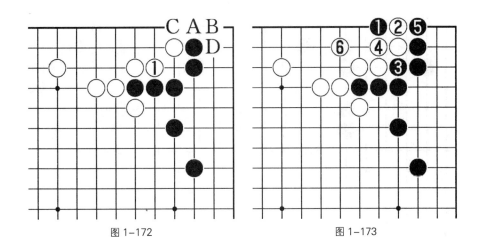

图 1-172   图 1-173

（图1-172）白1补也是后手，以后白A扳至黑D粘基本是白棋的权利。本图与前图相比，白地多了8目，黑地少了8目，总计16目。

（图1-173）黑于本图1位点是收官的手筋，可防白5位先手扳，以下至白6黑先获利。但白2可考虑脱先。

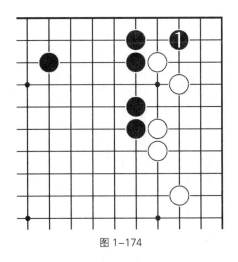

图 1-174

（图1-174）这是小目尖顶所下出来的形状，类似这样的形状在实战中经常出现。黑1跳入，是后手16目的大官子。

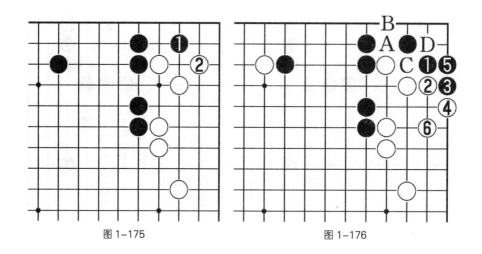

图1-175   图1-176

（图1-175）当黑1跳时，白若在角上2位尖应，则黑1成为先手，黑可无条件获利。

（图1-176）前图白2若不应，则黑1尖再3、5扳粘成为黑方的先手权利。以后白A冲，黑B、白C、黑D大致这样定形。

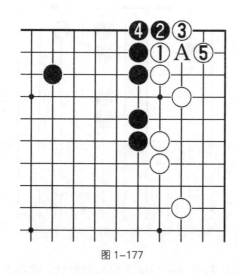

图1-177

（图1-177）白1挡，以下至白5粘成必然。本图与前图相比，白地多了11目，黑地少了5目，总计为16目。

白5若脱先，黑于A位断打又是先手，当然可以满意。

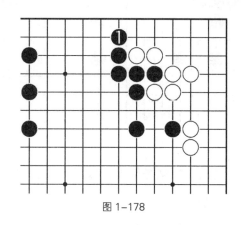

图1-178

（图1-178）黑1立，是此时收官的正确下法，是不可轻视的大官子，它有后手16目的价值。

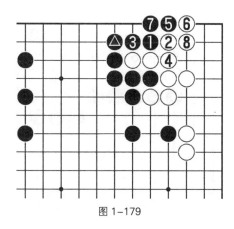

图1-179

（图1-179）黑△立后，再于1位夹是正确的下法，以下至白8粘是黑棋的先手权利。

黑1如在5位飞是错误的下法，比本图损失了2目。

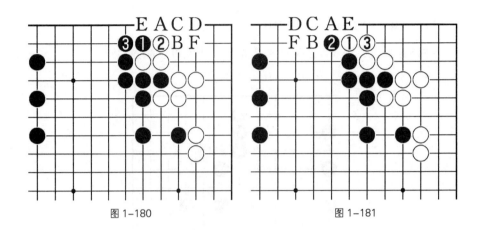

图1-180   图1-181

（图1-180）黑1、3扳粘是错着，以后即使黑A扳至白F粘为先手收官，仍比前图损失了2目。

（图1-181）白1、3扳粘也是后手16目，之后白A至黑F粘是白棋的先手权利。本图与（图1-179）相比，白地多了8目，黑地少了8目，总计为16目。

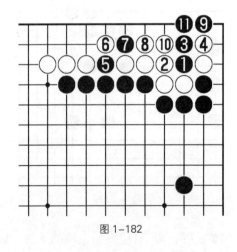

图1-182

（图1-182）黑1、3打立是收官的好手，然后再于5、7位冲断、9位扳，至黑11后手吃掉白二子很大，具有后手16目的价值。

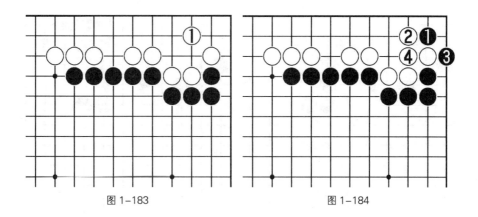

图 1-183   图 1-184

（图1-183）白1虎补是后手16目的官子，与前图相比，白地多了10目，黑地少了6目，总计16目。

（图1-184）黑1、3夹过是平凡的下法，虽是先手6目，但与（图1-182）相比，还是损失了不少。

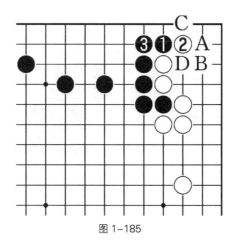

图 1-185

（图1-185）黑1、3扳粘，是后手17目的大官子，之后，黑A夹至白D粘是黑棋的权利。

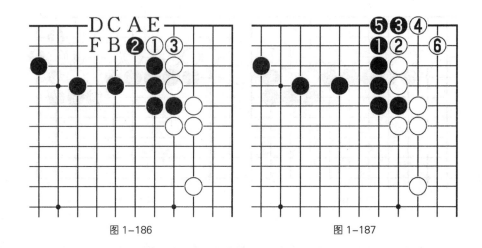

图 1-186   图 1-187

（图1-186）白1、3扳粘也是后手17目，之后白A位扳至黑F粘是白棋的权利。本图与前图相比，白地多了10目，黑地少了7目，总计17目。

（图1-187）黑1如单立，以下至白6虎虽是先手，但在这个场合不适用，只有在其他地方还有更大的官子时才适用。

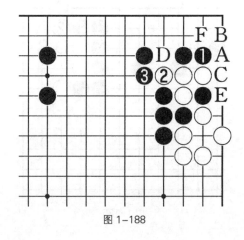

图 1-188

（图1-188）这是小目飞压定式所产生的形状。黑1夹，是后手17目的大官子。以后白A位扳至黑F粘是白棋的权利。

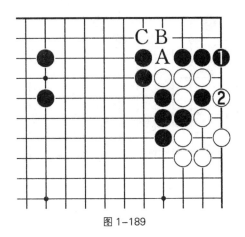

图1-189

（图1-189）前图的后续手段。黑1立，虽是先手，而且目数也有所增加，但白A位冲，黑B、白C断后，黑味道不好。所以，黑1还应在A位打吃，厚实。

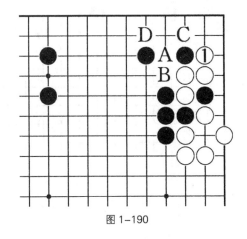

图1-190

（图1-190）白1位拐后，白A、黑B、白C、黑D是白棋的权利。与（图1-188）相比，双方出入相加是17目。

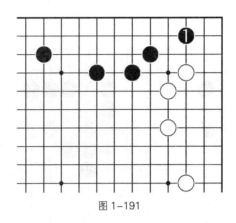

图 1-191

（图1-191）这是白棋小目、黑低挂、白小尖所下出的棋形。在官子阶段，角上常常是双方争夺的要点：请读者特别关注。

黑1飞，是后手18目的大官子。

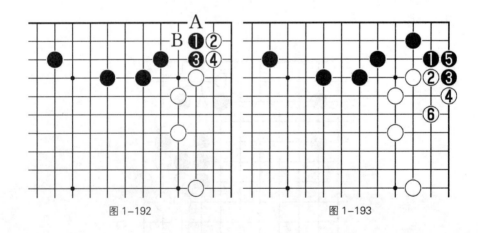

图 1-192   图 1-193

（图1-192）黑1飞角时，白若2位靠应，经黑3、白4，以后白A、黑B虽是先手，但黑1的飞角即成为先手便宜，约先手8目。

（图1-193）黑棋飞角后，白不应，本图黑1以下则成为黑方的先手权利。

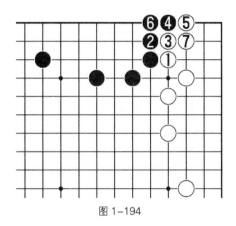

图1-194

（图1-194）白棋如在此先行，则是本图的收官结果。白1尖顶时，黑2立，以下至白7是黑棋的先手权利。

本图与前图相比，白地多了11目，黑地少了7目，总计18目。因此这是双方后手18目的官子。

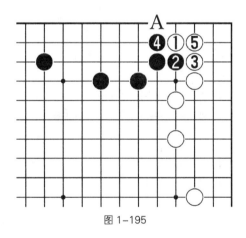

图1-195

（图1-195）白1飞也是一种收官的方法。黑2、4冲挡后，至白5粘，以后A位扳是白棋的权利。本图与前图的下法各有利弊，应根据情况而定。

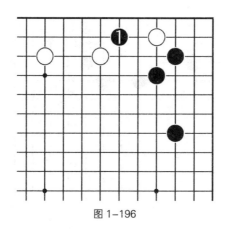

图 1-196

（图1-196）这是星位布局所产生的形状，在实战中经常出现。

黑1点入是中盘阶段的一步很大的棋，不但厚实，而且是具有约18目的大官子。

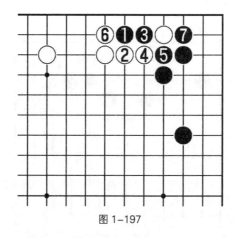

图 1-197

（图1-197）接前图。黑1点后，白2压只能如此，以下至黑7是基本定形。白2如走4位尖无理，被黑2位冲后，白形状太薄。

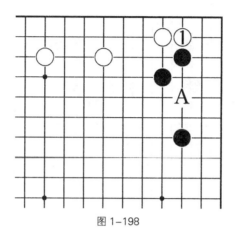

图 1-198

（图1-198）白1爬也是一步很大的棋，之后还留有A位点入的各种
手段。与前图相比，出入大约有18目，确实引人注目。

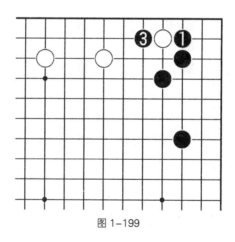

图 1-199

（图1-199）黑1挡是平凡的下法，再后手于3位吃一子，明显效率
太低。

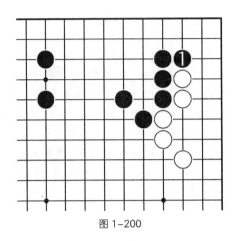

图1-200

（图1-200）黑1拐，是实战中最为引人注目的地方，计算这手棋的价值确实很难，但这手棋有18目以上的价值。

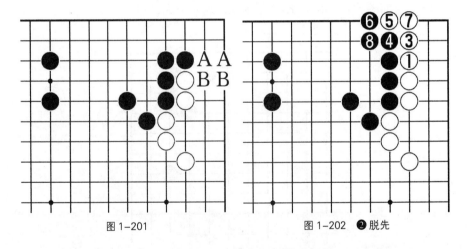

图1-201   图1-202 ❷脱先

（图1-201）黑1拐后，应该说黑A位立的可能性比白A位扳要大些，但都不是绝对先手。所以，现在只当黑两个A位和白两个B位立的定形。

（图1-202）白1挡后，黑2脱先，白3以下至黑8粘是白棋的权利。与前图相比，白地多了8目，黑地少了10目，总计约18目。不管怎么说，这是进入中盘后相当大的一手棋。

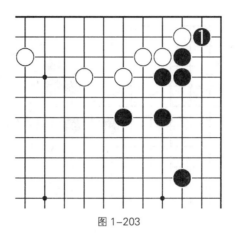

图 1-203

（图1-203）黑1扳，不但对双方的根据地有影响，而且也是一步很大的官子，有后手18目以上的价值。

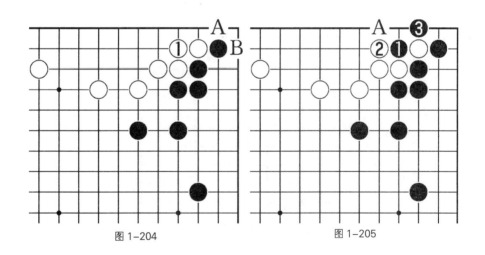

图 1-204　　　　　　　　图 1-205

（图1-204）白1粘是后手，以后白A、黑B是白的权利。

（图1-205）黑1、3打拔也是后手，以后黑A位扳是黑棋的权利。以上两图的结果应折半计算。

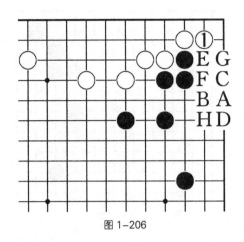

图1-206

（图1-206）白1单立是当然的一手，以下白A位大飞至黑H粘是白棋的先手权利。本图与（图1-203）相比，肯定有18目以上的价值。

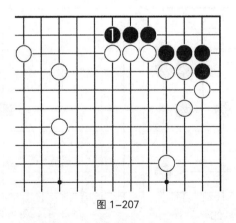

图1-207

（图1-207）这是由星定式点角演变而成的形状，在实战中最为常见。

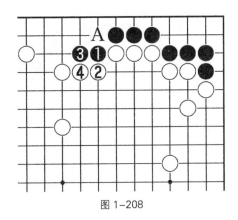

图 1-208

（图1-208）接前图。黑棋爬了以后，白若在A位扳，等于黑棋先手获得便宜。所以，白只能脱先，黑1、3先手将是黑棋的权利。

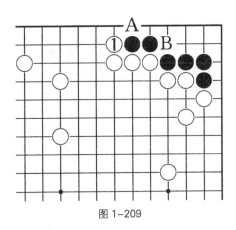

图 1-209

（图1-209）白1拐后，白A扳、黑B粘是白的权利，黑角只有6目。与前图相比，白地多了10目，黑地少了8目，总计约有18目。

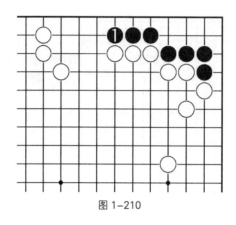

图 1-210

（图1-210）假如是本图的形状，由于白棋的间距太近，黑1爬的价值就相对减小了很多。

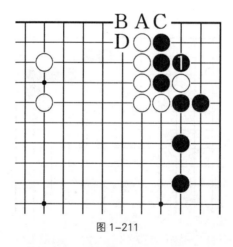

图 1-211

（图1-211）这是目外定式所产生的形状。黑1补一手具有后手18目以上的价值。之后黑A位扳至白D位粘是黑棋的权利。

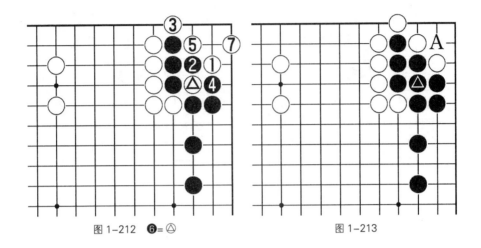

图 1-212 ❻=△   图 1-213

（图1-212）白1小尖是收官的手筋，在实战中颇为实用。

黑2、4没办法，至白7，与前图相比出入18目。

（图1-213）黑△粘时，白棋即使脱先，让黑于A位打吃，白棋也比
（图1-211）便宜。

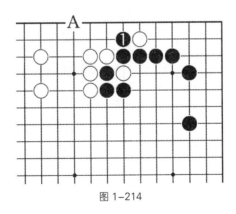

图 1-214

（图1-214）黑1拐吃一子看似不大，其实是一步很大的官子，具有
后手18目以上的价值。之后，黑A位大飞是黑棋的权利。

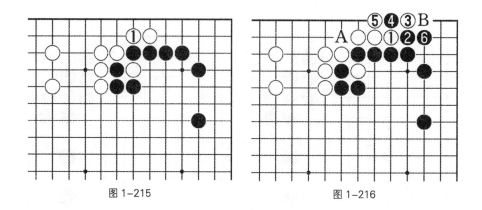

图 1-215   图 1-216

（图1-215）白1退回一子也是后手18目的大官子，相当于吃掉对方9
个死子的价值。

（图1-216）接前图。白1以下至黑6双方大致如此，之后，白A、黑
B定形。本图与（图1214）相比，双方出入约有18目。

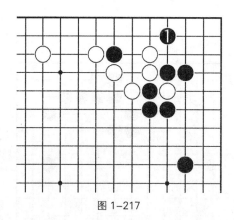

图 1-217

（图1-217）这是由小目一间低夹定式下出的形状。黑1跳，具有后
手20目以上的价值，属于特大级的官子。

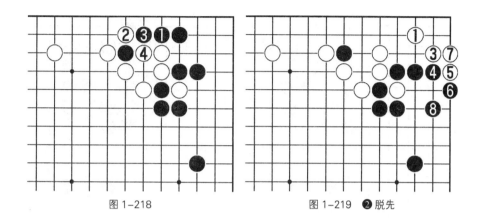

图 1-218　　　　　　　　图 1-219　❷脱先

（图1-218）黑棋跳了之后，黑1爬则成为先手。白2打吃一子是正确的应对，以下至白4提，这是黑棋的先手权利。

（图1-219）白1小飞，黑棋脱先后，白3尖以下至黑8虎是白棋的先手权利。与前图相比，双方出入有20目以上的价值。黑2若在3位应，则被白棋先手便宜。

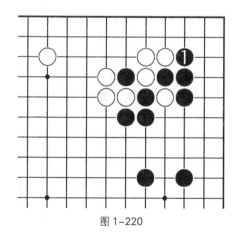

图 1-220

（图1-220）这是由大斜定式下出来的形状。黑1挡是一步很大的官子，具有后手20目的价值。

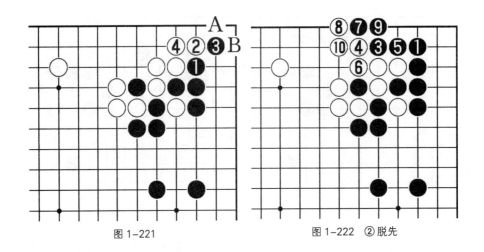

图1-221   图1-222 ②脱先

（图1-221）黑1挡之后，角上产生了两种可能。一是白方先在此行棋。白2、4扳粘，之后白A、黑B的交换为白棋的权利。

（图1-222）黑1立后白不应，之后黑3托至白10为黑棋的先手权利。与前图的结果应折半计算。

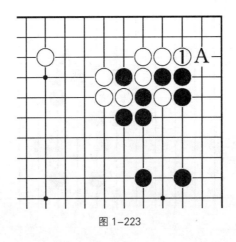

图1-223

（图1-223）白1挡也相当大，之后同样也产生了黑A位扳和白A位立的收官。不管怎么说，这手棋具有后手20目的价值。

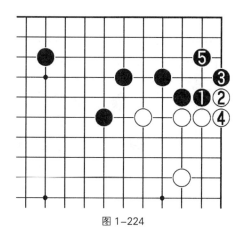

图 1-224

（图1-224）这是实战中经常出现的形状，比较抽象，需要种种因素才能算清具体的目数。

黑1挡角是一步超级大官子，具有后手20目以上的价值。白2、4扳粘是白棋的先手权利。

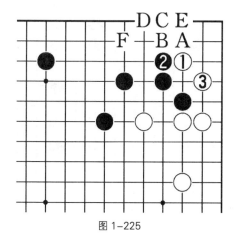

图 1-225

（图1-225）白1点角是一步很有力的着法，如单在3位跳不满。黑2挡没办法，白3尖回很舒服。之后黑A位立至白F是白棋的权利，本图与前图相比，出入约20目。

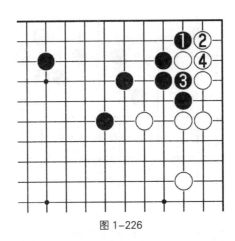

图 1-226

（图1-226）黑1、3能先手走到的话还是便宜了，但黑1扳时，白有可能脱先。

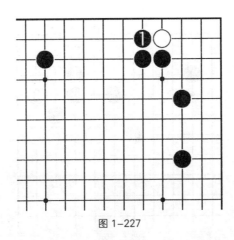

图 1-227

（图1-227）这是无忧角两翼张开之形，在实战中经常见到。黑1拐吃一子不但目数很大，而且也很厚实，具有后手20目以上的价值。

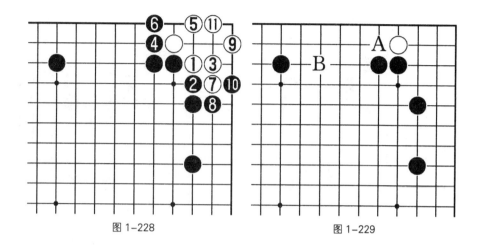

图 1-228　　　　　　　　　　　　图 1-229

（图1-228）白1扳，以下至白11是做活的基本着法。过程中，黑6单立是收官的好手，使白角上只有2目。本图与前图相比，双方出入约有20目。

（图1-229）除前图白1做活之外，白棋还有A位或B位动出的各种手段。所以，这是相当引人注目的一手棋。

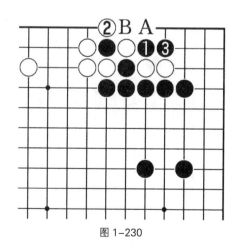

图 1-230

（图1-230）黑1、3断吃白二子意外地大，具有后手20目的价值。之后黑A、白B交换定形。

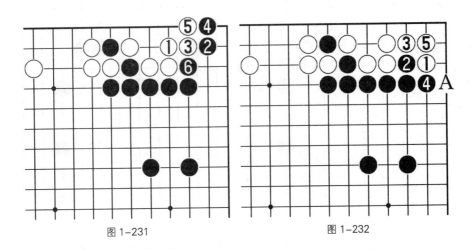

图1-231　　　　　　　　　图1-232

（图1-231）白1曲补也是一步很大的官子，黑2以下至黑6是最佳应对，但这样白棋变成先手。

（图1-232）假如黑棋脱先，白于1位跳很大，以下至白5大致如此，之后白A位扳是白的权利。本图与前图的结果应折半计算。

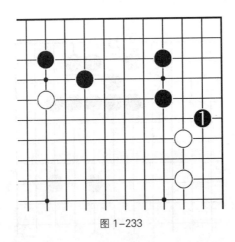

图1-233

（图1-233）黑1飞守角是超级大官子，它是布局进入中盘后双方必争之点。

黑1飞具有后手20目以上的价值。

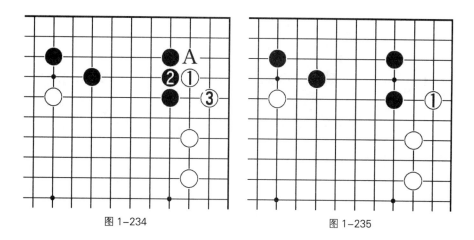

图1-234　　　　　　　　　　　　图1-235

（图1-234）白1、3是侵角的常用手法，将来A位双方抢到的概率各占五成。

本图与前图相比，双方出入肯定在20目以上。

（图1-235）白如单于1位飞也是一法，与前图相比各有长短。

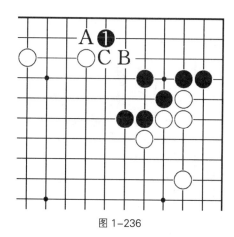

图1-236

（图1-236）黑1是守角的好手，具有20目以上的价值。白如A位应，则黑成先手。如被黑A位爬，白颇为难受。白如B位，黑C位冲出，白不行。

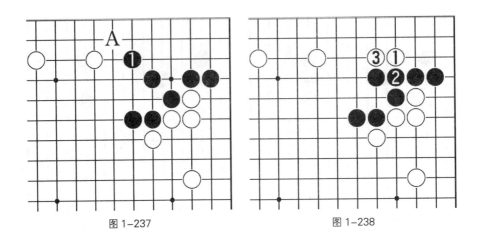

图1-237   图1-238

（图1-237）黑1尖守是平凡的一手，将来被白A尖后，与前图相比差别很大。

（图1-238）白1、3点入太大，与（图1-236）相比，肯定有20目以上的价值。

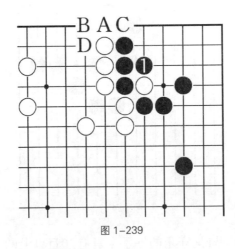

图1-239

（图1-239）黑1补一手，是后手20目以上的价值。之后，黑A位扳至白D位粘是黑棋的先手权利。

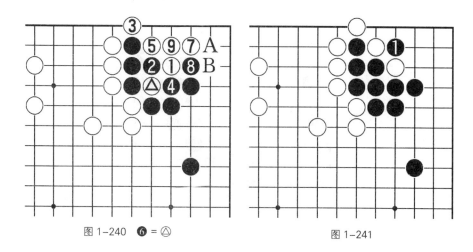

图1-240 **⑥** = △ 图1-241

（图1-240）白1尖是收官的手筋，以下至白9双方大致如此。之后，黑A位扳和白B位扳各占五成。所以，本图与前图相比，肯定有20目以上的价值。

（图1-241）即使前图白7不走，黑于1位后手双打，白棋也获得了不少便宜。

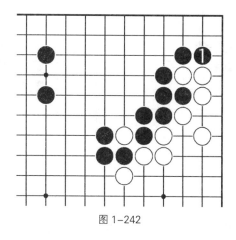

图1-242

（图1-242）这是由星定式演变而成的形状。黑1挡是中盘阶段的超级大官子，具有后手22目的价值，颇为引人注目。

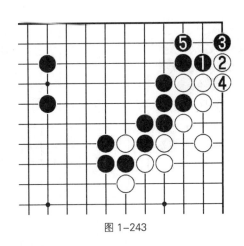

图 1-243

（图1-243）接前图。黑1挡后，白2、4扳粘是先手权利。

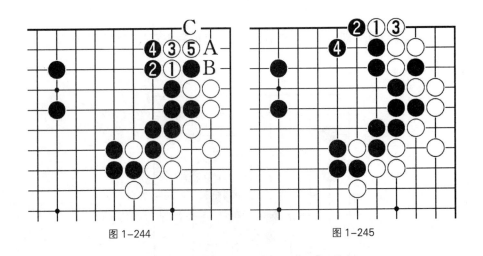

图 1-244   图 1-245

（图1-244）白1断至5位拐，为双方必然的应对。之后，黑虽有A位扳、白B、黑C的官子手筋，但这样黑棋是后手。

（图1-245）按正常情况，白1、3扳粘应是白棋的先手权利。本图与（图1-243）相比，白地多了10目，黑地少了12目，总计22目。

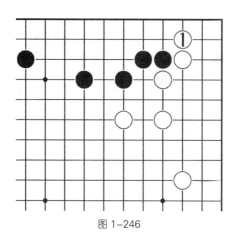

图 1-246

（图1-246）这是白占星位，黑高挂后托角走出的形状。

白1立，是典型的超级大官子，具有26目的特大价值。

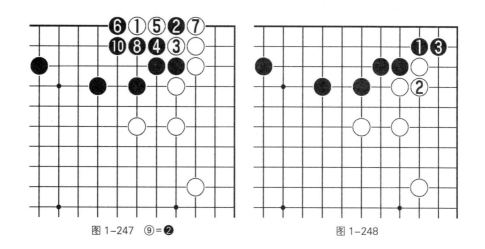

图 1-247 ⑨=❷   图 1-248

（图1-247）接前图。白立下后，黑如3位挡，则成白先手便宜。所以，白1大飞，以下至黑10粘，基本上是白棋的先手权利。

（图1-248）黑1、3扳长也是后手26目，这是序盘阶段就应特别关注的一手棋。

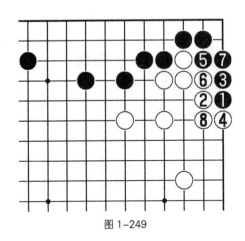

图 1-249

（图1-249）接前图。黑1大飞，是正确的收官方法，这是黑棋的先
手权利，白棋必须应。

白2尖顶正确，以下至白8必然。本图与（图1-247）相比，双方出入
总计26目。

第二章

实战中常见的官子手筋

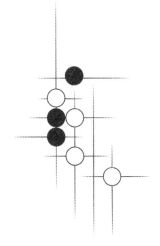

我们知道，官子虽不像中盘对杀那样激烈，但对于水平十分接近的棋手而言，官子却是决定一局棋胜负的最后关键。因此，掌握好官子的手筋就变得十分重要。

出现细棋局面时，棋手因为走出一步绝妙的官子手筋而获胜，那种心情一定很好。为了达到这个目的，我们必须熟悉官子的手筋。哪怕是便宜一两目的棋，也往往会收到意外的结果。

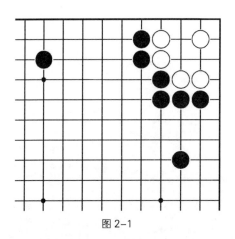

图 2-1

（图2-1）白棋角上虽已活净，但仍有一些弱点，黑棋如利用好这些弱点，即可获得官子上的便宜，请施展手筋。

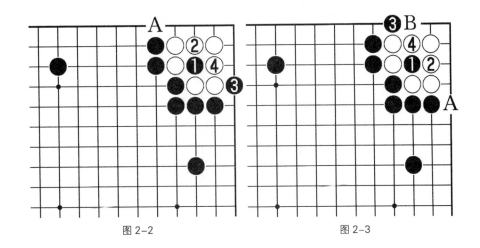

图 2-2   图 2-3

（图2-2）黑1断入是利用形的巧妙手筋。白如于2位打吃，黑3便成先手。以后，白只有A位一边扳的先手利用。

（图2-3）黑1断时，白2打，则黑3仍是先手，之后白只有A位先手扳。黑1如在3位扳，是平庸之着，白B打吃后再于A位扳，黑成后手。

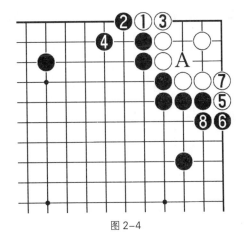

图 2-4

（图2-4）黑棋一旦漏走了A位断，两边都会立刻被白1至白7先手走掉。与前两图相比，黑棋损失了4目。

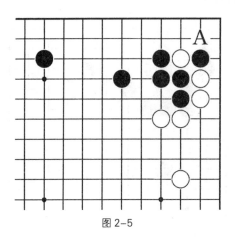

图2-5

（图2-5）这是实战中常见之形。白方于A位打吃，是很大的官子。
对此，黑方应怎样预防呢？请考虑先后手的关系。

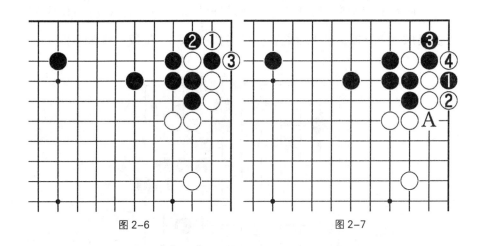

图2-6   图2-7

（图2-6）暂且不论黑先如何，假设白方先走，白1打很大，黑2只能
提，被白3渡过，白收获不小。

（图2-7）黑1先扳，是收官的常用手筋。白2挡，黑3再长是关联的
好手。白4只能提，这样黑即获得先手。白2如在A位接，黑仍是先手。

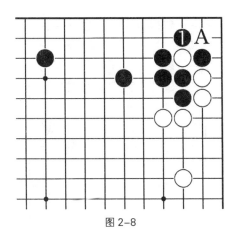

图 2-8

（图2-8）黑1如单提，虽可防住A位的手段，但却落了后手，这是无谋的一手。

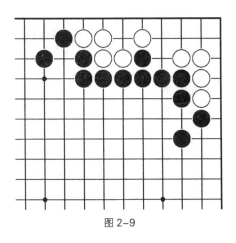

图 2-9

（图2-9）这个形状看似很简单，但如随手而下，将受损失。

第一手要走对，第二手是关键，思考要有连贯性，争取走出最佳应手。

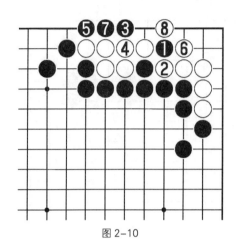

图2-10

（图2-10）黑1先扳后再于3位点是漂亮的收官手筋，这也是连贯的下法。

白4粘必然，以下至白8，黑先手取得了官子便宜。

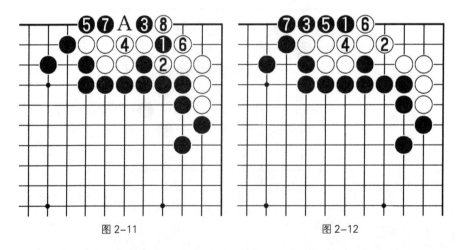

图2-11   图2-12

（图2-11）白2断时，黑3随手打是典型的大俗手。以下至白8成必然，与前图相比黑损失了2目。黑3如5位扳，白A位做眼，白更亏。

（图2-12）黑如1位先点次序有误，白2可单退一手。以下至黑7粘，黑成后手。

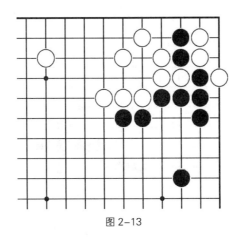

图 2-13

（图2-13）此时看起来是个简单的问题，但黑棋如果随手而下，官子将受到损失。

那么，黑棋的手筋到底在哪里呢？

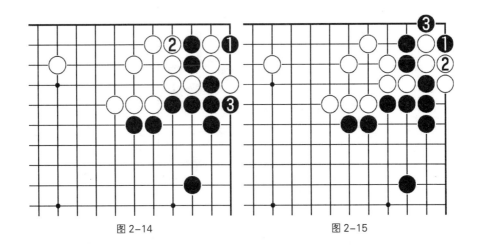

图 2-14   图 2-15

（图2-14）黑1夹，是此场合下的巧妙手筋。白2只能打吃，黑3打吃后，白一子成接不归，黑官子明显获得便宜。

（图2-15）黑1夹时，白2位接是无理之着。黑3反打后，角上成打劫。由于白棋的劫太重，白棋肯定不利。

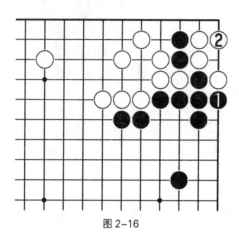

图2-16

（图2-16）黑1如随手打吃是无谋之着，让白2占到要点后，黑棋一无所获。

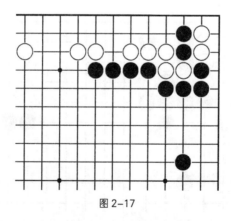

图2-17

（图2-17）平凡的着想是不能成功的。先冲一下必然，之后再寻求妙手。

怎样走出最佳次序呢？请多注意白棋的断点，并充分利用角上的特殊性。

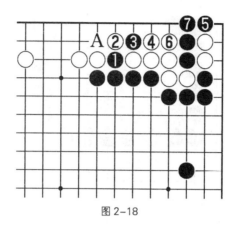

图 2-18

（图2-18）黑1冲必然，然后在3位断是好手。当白4打吃时，黑5再扳角次序绝好，至黑7，由于白棋两边都不入气，角上两子被吃。

白4如走6位，则黑在A位断吃。

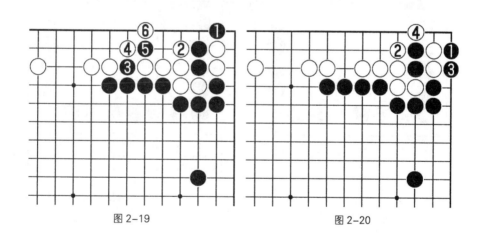

图 2-19 　　　　　　　　　　　图 2-20

（图2-19）黑1如先扳，白2打吃后，黑再于3、5位冲断是次序错误的下法，因白有6位打吃的好手。

（图2-20）黑1、3是局部的收官好手，但由于白棋有断点的毛病，黑棋收获并不大。

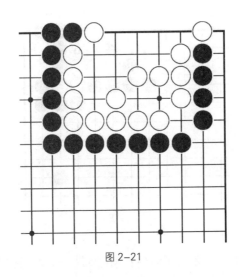

图 2-21

（图2-21）怎样利用白棋的缺陷，获取最大的利益呢?

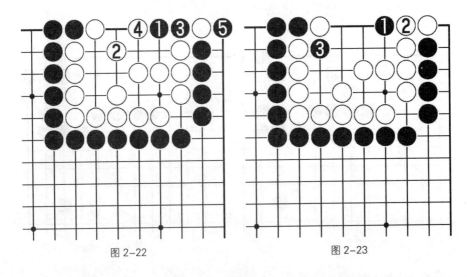

图 2-22   图 2-23

（图2-22）黑1点入是收官的巧妙手筋，实战中具有很强的实用性。

白2只能尖补，黑3、5提掉一子后，得6目的官子便宜。

（图2-23）黑1点时，白若2位粘，则黑在3位断吃白一子成立，白显

然不行。

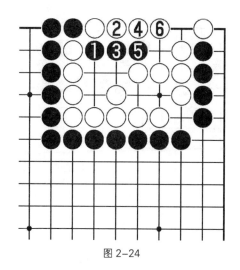

图 2-24

（图2-24）黑1直接断打太乏味，以下至白6长出，此手法不能成立。

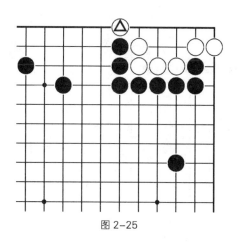

图 2-25

（图2-25）这个形状肯定不存在死活问题。现在，白△扳，黑棋如何应对呢？

请把思路放开一些。

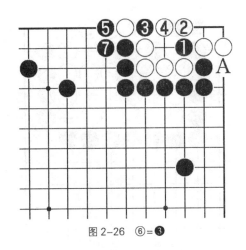

图2-26 ⑥=❸

（图2-26）黑1先断、然后再3位扑是收官的手筋。以下至黑7粘，由于A位挡是绝对先手，黑棋获得便宜。

黑5打时，白如在7位打劫，白棋打劫太重。

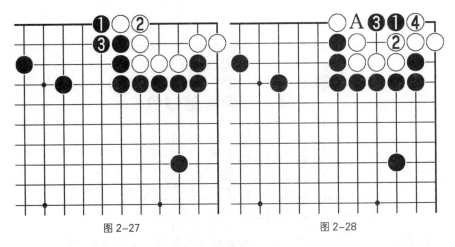

图2-27   图2-28

（图2-27）黑1、3打粘是平凡的下法，此结果与前图相比，黑棋损失了2目棋。

（图2-28）黑1点，看似一步手筋，其实白只要简单地在2、4位应对，黑就无计可施。白4不能在A位粘，否则黑有4位长的双活。

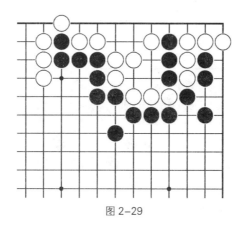

图 2-29

（图2-29）怎样考虑和利用白形的薄弱环节，充分发挥黑方三子的作用，走出最佳应手呢?

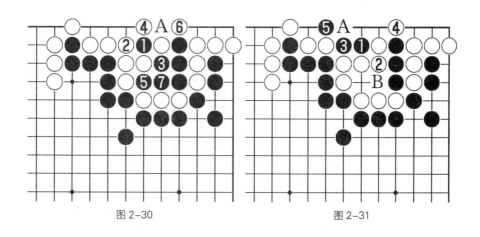

图 2-30   图 2-31

（图2-30）黑1挤是绝妙的收官手筋。白2打吃，黑3至黑7将白三子吃掉获利很大。

白4不能在5位粘，否则黑A位提，白角上被吃。

（图2-31）黑1挤时，白2如粘，黑3断好手，至黑5吃掉白二子，黑棋成功。白4如在A位打吃，则黑在B位冲成白接不归。

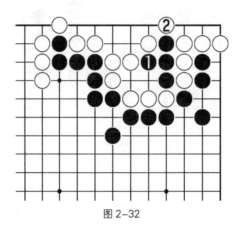

图 2-32

（图2-32）黑1单挤太乏味了，让白2简单应对后，黑一无所获，失败。

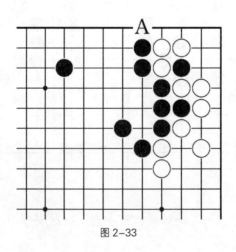

图 2-33

（图2-33）现在黑棋怎样阻止白棋在A位的先手扳粘呢？

不必太在意局部得失，关键要有先手意识，这样即可获得利益。

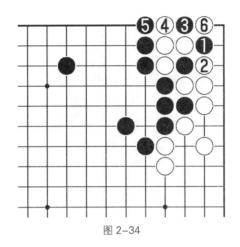

图 2-34

（图2-34）黑1扳角是绝好的手筋。白2提，黑3再一路扳，是和黑1相关联的手筋。以下至白6提，黑棋先手获得2目便宜，这是黑棋收官的理想形。

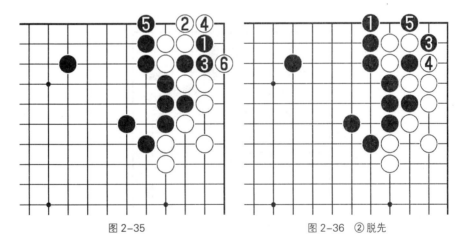

图 2-35

图 2-36 ②脱先

（图2-35）黑1扳时，白如2位立，黑3、5先手后，白不但走不到5位扳，而且与前图相比还损了2目。

（图2-36）黑1立，白2可脱先。以后虽有3位扳的后续手段，但至黑5又落一个后手，黑显然不便宜。

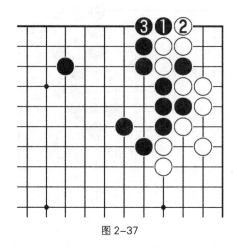

图 2-37

（图2-37）黑1、3扳粘是乏味的下法，不但落个后手，而且没有占到任何便宜，还不如前图1位立的下法有收获。

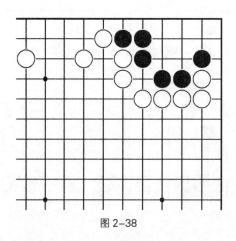

图 2-38

（图2-38）能否吃到对方与怎样收官完全是两回事。此时的问题与死活毫无关系，白棋应如何收官才能占到便宜是此时的关键。

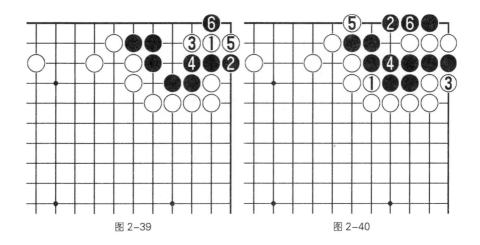

图 2-39   图 2-40

（图2-39）白1夹，是此时的手筋，不论是官子的手筋还是死活的手筋，这手棋都是要点。黑2立，白3、5后，摆出要和黑杀气的姿态。但黑6托是活棋的好手。

（图2-40）接前图。白1挤又是收官的好手筋。黑棋只有2位尖的好手，才能解决活棋的问题。以下至黑6成为双活，白棋大获成功。

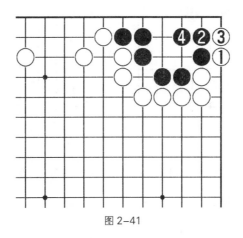

图 2-41

（图2-41）白1、3虽是先手，但着法过于平凡。至黑4，黑棋取得5目半而活净，白不能满意。

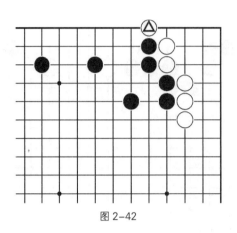

图 2-42

（图2-42）白△扳后，黑如随手而应，白将先手获利。

请抓住白棋的缺陷，施展手筋。

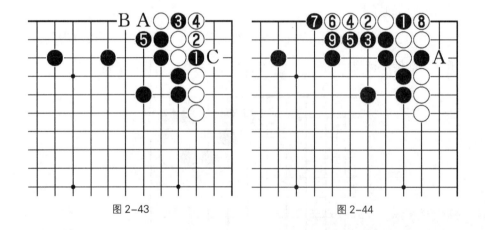

图 2-43   图 2-44

（图2-43）黑1先断、再3位补，是收官的好手筋。以下至黑5，白已无法走A位爬，否则黑B打吃白接不上，将来白只能在C位提，黑再A位挡。

（图2-44）黑1扑时，白不能在2位长，以下至黑9后。由于黑有A位长出的手段，白已连不回去。

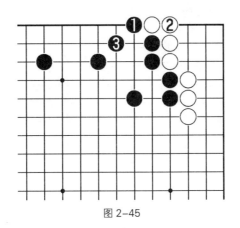

图 2-45

（图2-45）黑1、3打虎是无谋的下法，与（图2-43）相比，黑损失了1目强。

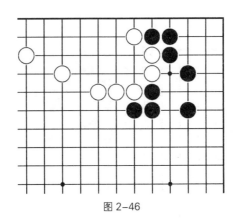

图 2-46

（图2-46）本题似乎很平常，其实黑方有很巧妙的收官手筋。

请找出这个手筋，关键是次序问题。

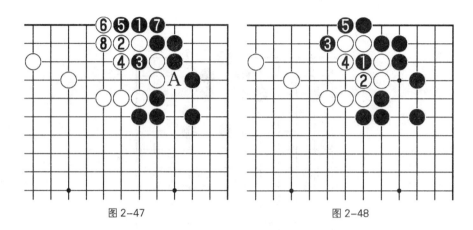

图 2-47   图 2-48

（图2-47）黑1先扳是必然的一手，白2长时，黑3再断时机绝好，是一个巧妙的手筋。对此，白4只能这边打，以下至白8止，黑A成了先手，官子明显获利。

（图2-48）黑1断时，白2如果打吃，黑3靠是绝好的手筋。以下至黑5止，白损失惨重。

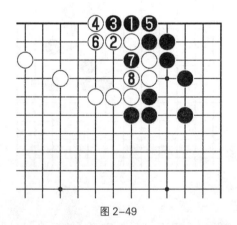

图 2-49

（图2-49）黑3爬，再5位接，虽是先手收官，但却是平凡的着法。白6接后，黑再7位断，白可8位接吃。本图与（图2-47）相比，黑损失了2目棋。

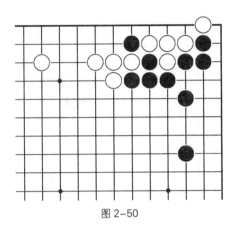

图 2-50

（图2-50）这是个小官子问题，但如果随手而下，官子也将受损。

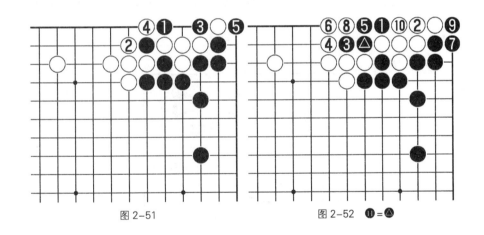

图 2-51　　　　　　　　　图 2-52　⑪=△

（图2-51）黑1单扳，是收官的好手。白2打吃没办法，黑3扑后再5位提，黑很自然地获得小官子便宜。

（图2-52）黑1扳时，白于2位粘则是大错着，黑3、5是弃子的好手筋。

以下至黑11双方成必然，黑利用"倒脱靴"把白棋吃掉，白失败。

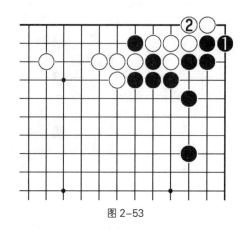

图 2-53

（图2-53）黑1随手立下，是典型的大恶手，被白2粘后，黑一无所获。

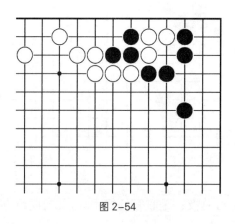

图 2-54

（图2-54）从杀气的角度看，黑棋明显差一气，但黑有弃子收官的手筋。

特别要注意，黑棋舍弃三子时必须要考虑怎样减少白空的目数。

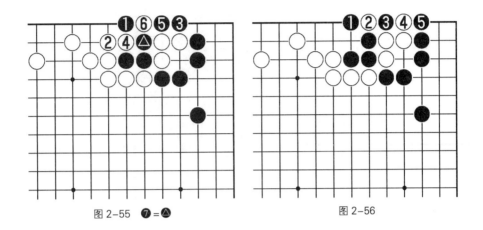

图 2-55　**7** = ▲　　　　　　　　图 2-56

（图2-55）黑1尖，是极富弹性的收官手筋。白2立时，黑3扳又是好手，以下至黑7提回，黑棋官子大有收获。

（图2-56）假如白棋有丰富的劫材，则可于2、4位做劫，但这一劫争白棋的负担较大，且白棋劫胜，黑棋并没有受到什么损失，黑棋并不怕。

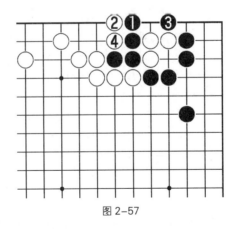

图 2-57

（图2-57）黑如1位立下，白2靠好手，至白4黑杀气不够。黑1如在3位扳，白4打后，黑也无收获。

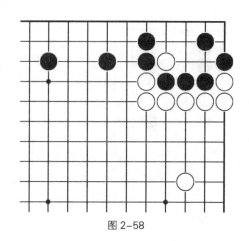

图 2-58

（图2-58）乍一看，角上可以算作黑棋的实空了。

但是，只要白棋肯动脑筋，多利用角上的特殊性，还是有机可乘的。

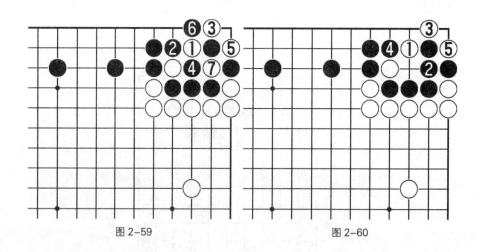

图 2-59   图 2-60

（图2-59）除了白1小尖之外，白没有其他任何可走之处。黑2打吃是必然，白3扳是手筋，黑4提时，白再于5位扑是巧手，至白7止，这样便形成打劫。

（图2-60）白1尖时，黑2接是白所期望的如意算盘，白3、5后形成打劫，黑显然不行。

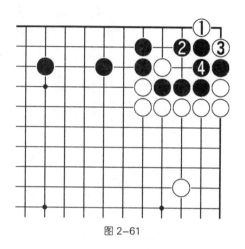

图 2-61

（图2-61）白1单靠角看似手筋，其实黑简单地在2位退，白即使3位扑，黑4粘后，白也无机可乘。

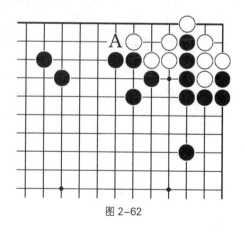

图 2-62

（图2-62）白棋于A位长是先手便宜。现在轮到黑方走，怎样收官才能获利呢?

请注意行棋的次序。

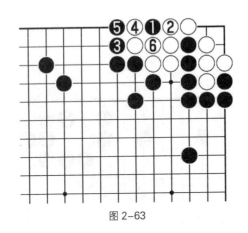

图 2-63

（图2-63）黑1先点，是收官的手筋。白2只能接，否则黑于2位扑后白不活。

如此先交换一手，黑3、5就变成了先手。

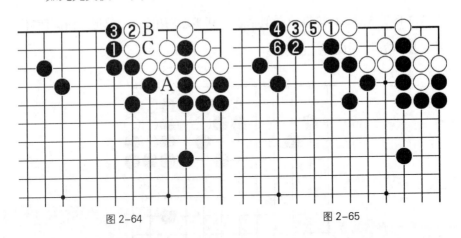

图 2-64   图 2-65

（图2-64）黑1单拐，是无谋之着。

白2立后，黑3挡变成后手，以后A位先手只是小问题，黑一无所获。黑3如走B位靠，白可于C位接，黑无用。

（图2-65）前图黑3如不走，白于1位拐是绝对先手，至黑6止，白先手便宜了7目棋。

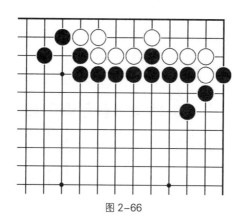

图 2-66

（图2-66）这个形状由于白棋有断点，黑棋可以借此削减白棋的目数。第一手是本形的关键。

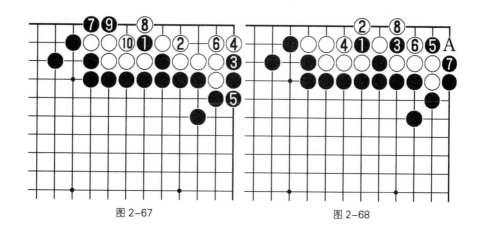

图 2-67　　　　　　　　　　图 2-68

（图2-67）黑1断，是正确的收官手筋。白2粘只能如此。黑3以下至白10势成必然，黑棋最大限度地把白棋削减成8目。

（图2-68）黑1断时，白如2位打，黑3、5是手筋。以下至白10止，与前图相比，白棋少了1目棋。之后，白A位扑虽可成劫，但由于白棋太重，此劫无法进行。

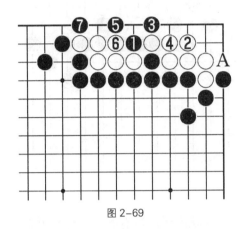

图 2-69

（图2-69）白如2位补，虽然防住了黑A先手爬，但却遭到黑3、5的强烈反击，至黑7成打劫，白显然失败。

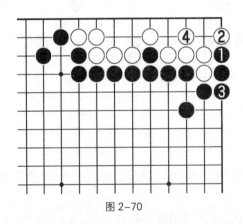

图 2-70

（图2-70）黑如平凡地在1、3位先手收官，至白4后，白棋成了12目，与（图2-67）相比，相差4目。

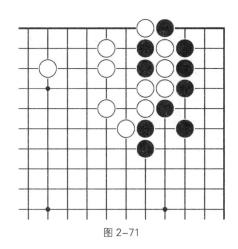

图 2-71

　　（图2-71）这是一个很简单的问题，但如果不加思考而随手下的话，也一样会造成损失。

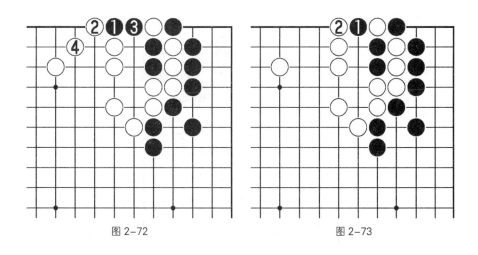

图 2-72　　　　　　　　　　　　　　图 2-73

　　（图2-72）黑1托，是收官的手筋。这手棋不但吃掉白一子，而且还起到了削减白空的作用。至白4成必然。

　　（图2-73）黑如随手在1位提，被白2挡后，与前图相比，黑损失了2目。

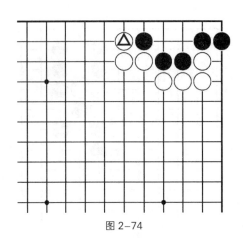

图 2-74

（图2-74）白△拐一手时，黑如何应对呢？

这是一道适合业余高段者的习题，看似简单，其实很多初级者都会忽视。

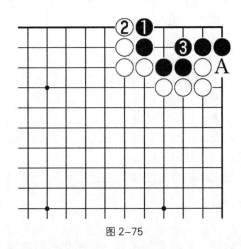

图 2-75

（图2-75）黑1立，是正确的收官好手。至黑3后，黑地有5目棋。这里要特别注意，假如白A位先手有用，黑1的立就不适用了。

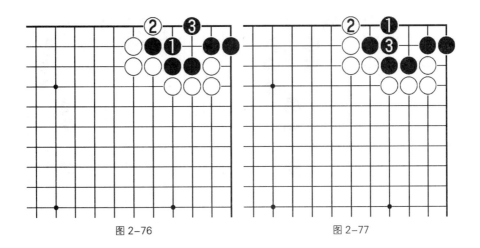

图 2-76   图 2-77

（图2-76）黑1粘是随手而下，被白2先手扳后，黑地成3目，与前图相比损失了2目。

（图2-77）黑如1位虎也是错误的下法，白2立后，黑只能3位粘才可成活，同样是围了3目。与前图结果一样损了2目。

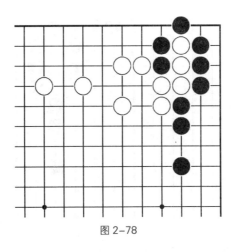

图 2-78

（图2-78）这是实战中常见的形状。黑棋应如何收官才能获得利益呢？

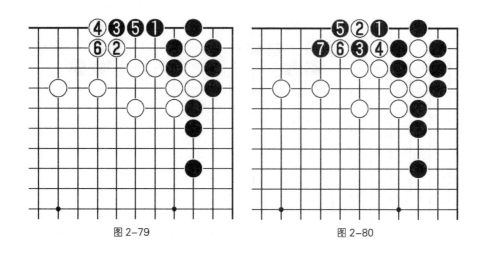

图2-79   图2-80

（图2-79）黑1小尖是收官的手筋。白2大致如此，黑3、5先手获利，这是黑棋的最佳结果。

（图2-80）黑1尖时，白2靠是强硬的下法，黑3、5提一子后，白6打，黑7反打成劫争，由于白棋负担比黑棋大，所以，黑棋并不害怕。

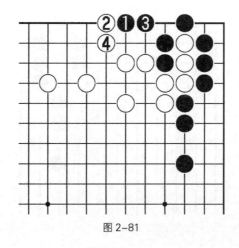

图2-81

（图2-81）黑1小飞看似一步好棋，但白可在2位强行靠住，至白4后，与（图2-79）相比，黑损失了2目，不能满意。

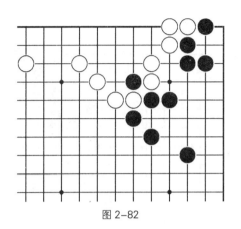

图 2-82

（图2-82）实战中以直接的手法获利很少有，但直接的舍弃手法成功率很高。

本图就是一例，使用简单的办法无法获利，只有通过弃子才能占到便宜。

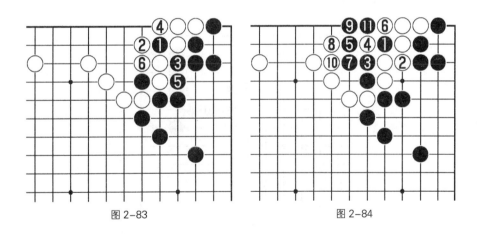

图 2-83　　　　　　　　　　图 2-84

（图2-83）黑1挤，是弃子的手筋。

白棋只能在2位打，这样黑3、5即变成先手获利。

（图2-84）黑1挤时，白如2位粘不行，黑3挡，以下至黑11成打劫。白棋不愿损失目数而成为打大劫，白棋肯定不划算。

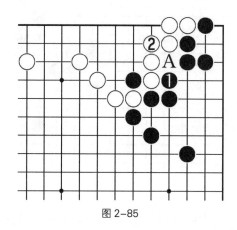

图 2-85

（图2-85）黑1挡，是一般人的第一感，白2是防守的好手。黑1在A位挤更不好，白2粘后便宜了1目。

本图与（图2-83）相比，黑棋损失了1目。

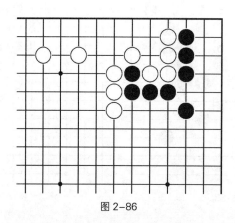

图 2-86

（图2-86）本形看似简单，其实很容易走错。一定要注意白棋气紧的缺陷，这样就容易发现急所。

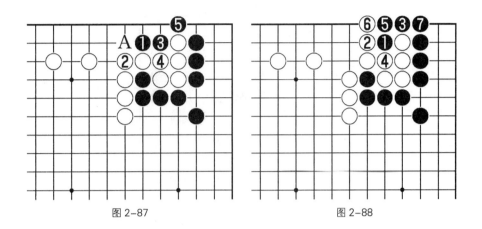

图 2-87　　　　　　　　　　　　　图 2-88

（图2-87）黑1在此处夹，是利用白棋气紧的严厉手筋。白2只能接，黑3、5可顺利渡过。白2如走A位则成后手，也不能在3位阻渡，否则黑2位成打劫太重。

（图2-88）黑1夹，在大多数场合下是好棋，但此时却是俗手。

以下至黑7止，黑虽有收获，但明显不如前图好。

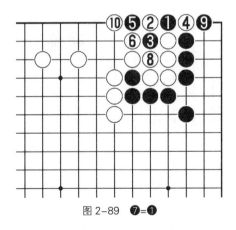

图 2-89　❼=❶

（图2-89）黑如1位扳，白2挡是好棋。黑3以下至白10成接不归，此结果黑更坏。

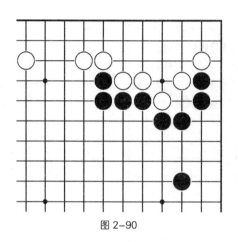

图 2-90

（图2-90）白棋看似完整，其实仍存在不足。

请多注意白棋的断点，你就能发现手筋，并收到意想不到的效果。

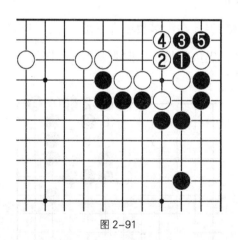

图 2-91

（图2-91）黑1断是此时的收官手筋。白2、4是没办法的下法，至黑5拐吃一子，收获很大。

白4如在5位挡，黑4拐后，白不行。

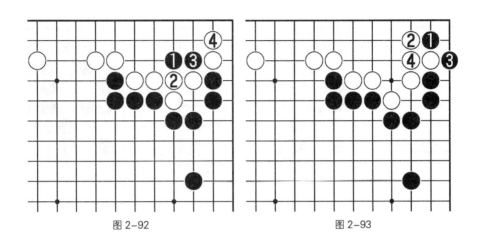

图 2-92   图 2-93

（图2-92）黑1点看似要点，但在此时不适用。白2、4只要简单应对，黑杀气显然不行。

（图2-93）黑1夹后，再3位渡打，这样虽然是先手收官，但与（图2-91）相比，明显不好。

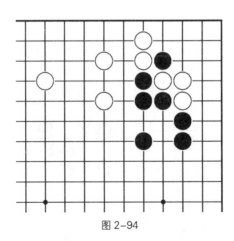

图 2-94

（图2-94）这是黑棋在中盘后期就应该着手的大官子。此形在实战中很常见。

那么，黑棋怎么走才好呢？

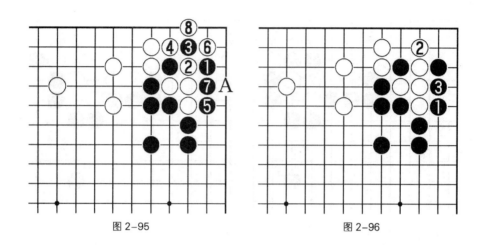

图 2-95　　　　　　　　　图 2-96

（图2-95）黑1跳入，是绝好的收官手筋。白2只能冲，黑3扳是紧凑的着法。以下至白8提，黑先手获利。

白6如走7位冲，黑A打后再6位粘，白损失更大。

（图2-96）黑1单扳不够深入，白2立是好手，黑3不能省，这样黑落了后手。

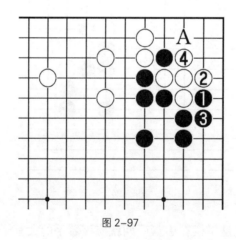

图 2-97

（图2-97）黑1、3扳粘虽是很大的官子，且留有A位尖的手段，但被白4补净后，这并不能算是最佳下法。

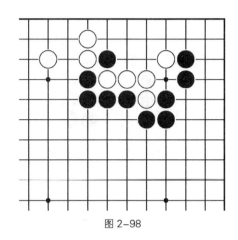

图 2-98

（图2-98）现在的问题是黑棋如何利用白的弱点，收取最大的利益。

第一手是关键。那么，应怎样行棋呢?

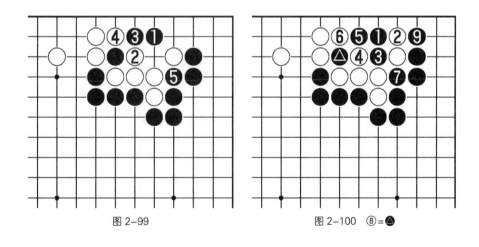

图 2-99　　　　　　　　　　　　图 2-100　⑧=▲

（图2-99）黑1是点入白心脏的要点，颇为严厉。

白2只能如此，黑3先爬一手再于5位挤是正确的次序，黑收获很大。

（图2-100）黑1时，白如改走2位过渡，黑3挤是手筋，以下至黑9吃掉白棋二子，白不行。

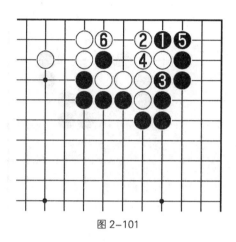

图 2-101

（图2-101）黑1扳单调，棋下得太乏味。

白2挡必然，以下至白6止，黑棋虽是先手收官，但显然不能满足。

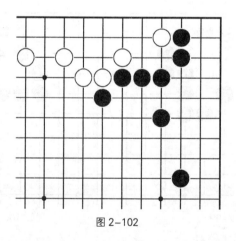

图 2-102

（图2-102）黑方从何处着手，可以获得最大利益？此形在实战中经常遇到，具有很强的实用性。

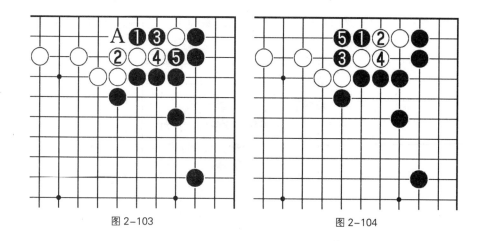

图2-103　　　　　　　　　　　图2-104

（图2-103）黑1夹是收官的手筋。白2若接，黑3、5便吃白一子甚大。此时白若于A位挡，黑可获得先手。白若不走，黑便于A位先手长。

（图2-104）黑1夹时，白2若进行抵抗，黑3、5打接后，杀气黑快一气获胜。

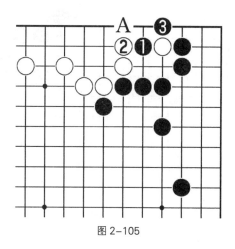

图2-105

（图2-105）黑1、3夹吃白一子，这是人们的第一感。以后虽留有A位扳的先手，但这仍不能满足。

有经验的人，在实战中就不会走出轻率的棋。黑1就属于轻率的棋。

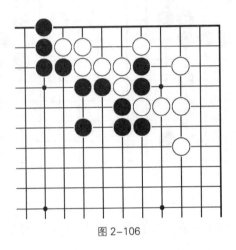

图 2-106

（图2-106）请充分利用黑两个死子，这样可获得官子便宜。

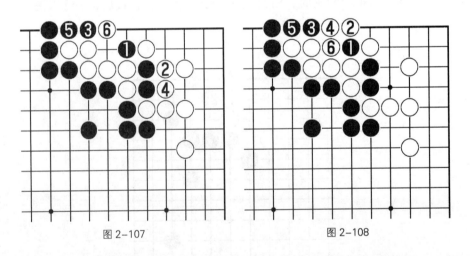

图 2-107   图 2-108

（图2-107）黑1断是收官的手筋，准备通过弃子获得最大利益。

白2打吃，黑3、5获得先手便宜。

（图2-108）白于2位打吃，黑仍3位托，至白6止，与前图结果

一样。

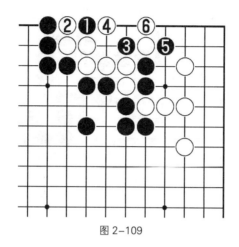

图 2-109

（图2-109）黑如先手1位托，是次序错误的下法。

当黑3再断时，白可在4位提，至白6立下后，黑显然不行。

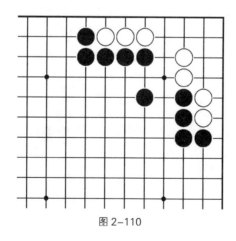

图 2-110

（图2-110）乍一看白棋的形状好像很完整，黑棋无计可施。

但如能发现手筋，会收到意想不到的效果。

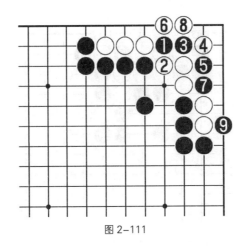

图 2-111

（图2-111）黑1、3扳爬是必然的，黑5断绝妙，白如6位打吃，黑

7、9吃掉白二子，虽是后手，但收获颇大。

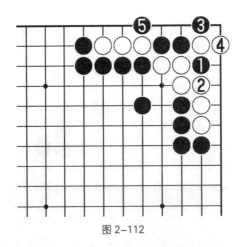

图 2-112

（图2-112）黑1断时，白2打，黑3先打后再5位扳，白三子被吃损失

更大。

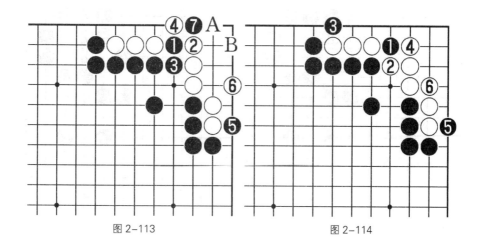

图 2-113　　　　　　　　　　　图 2-114

（图2-113）黑1扳时，白如软弱地在2、4位应，黑5扳后再7位扑，白角成"大猪嘴"而被杀。之后，白如A位提，则黑B位点，白失败。

（图2-114）白2断时，黑在3位简单地收官是无谋的下法，至白6粘，黑一无所获。

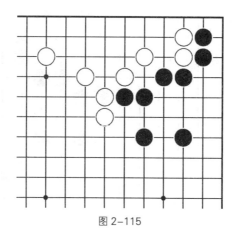

图 2-115

（图2-115）本图虽是平凡的官子手法，但极容易导致对方出现错误。请注意棋形的要点。

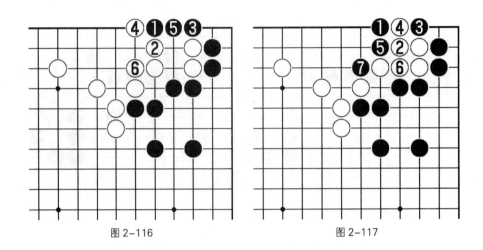

图 2-116   图 2-117

（图2-116）黑1透点，是窥视着白形缺陷乘机狙击的锐利手筋。

白2顶仅求自保，但也无可奈何。以下至白6止，黑先手获得便宜。

（图2-117）白2如曲，黑3仍然扳。此时白4强行阻断无理，黑5、7可一口气吃白，白失败。

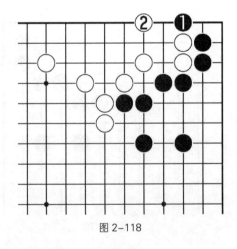

图 2-118

（图2-118）黑1扳，是平凡的收官下法。白2跳是防守的好手。如此下法，黑一无所获。

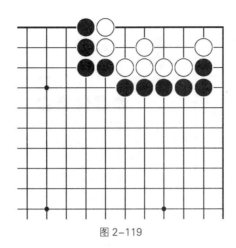

图 2-119

（图2-119）白棋是不存在生死问题的。现在的问题是黑棋如何把握行棋的次序，来获得最大的利益。

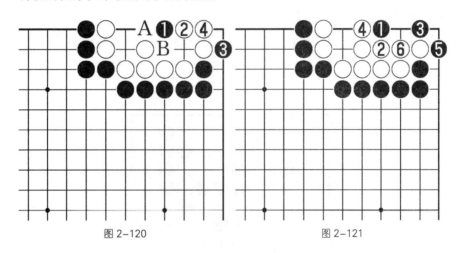

图 2-120　　　　　　　图 2-121

（图2-120）黑1先点入是手筋，白2只能补断，然后黑再3位扳，白4补必然，否则成打劫活。由于白以后还需要在A、B补两手，这样白空只有5目。

（图2-121）黑1点入时，白2粘是强手，但黑3夹是妙手。白棋为了防止打劫，只能在4位应，至白6后，白比前图损了半目。

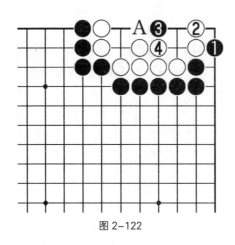

图 2-122

（图2-122）黑1如单扳乏味，白2立必然。黑3再点时，白4团好手，黑并无手段。

以后黑紧外气时，白棋只要在A位补一手即可，这样与（图2-120）相比，黑棋损失了1目棋。

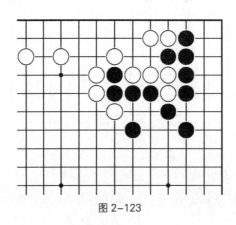

图 2-123

（图2-123）由于白棋气太紧，形状明显有缺陷。

请注意行棋的次序，走出手筋即可获利。

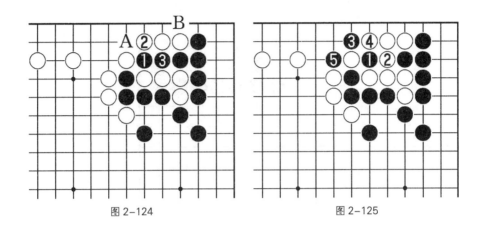

图2-124   图2-125

（图2-124）黑1断，是出棋的前提。由于白棋没有办法，只能于2位弃掉白四子。之后，黑A打再B位扳是黑棋的权利。

（图2-125）黑1断时，白2位强行连回四子无理。黑3反打是手筋，以下至黑5成打劫，白显然不行。

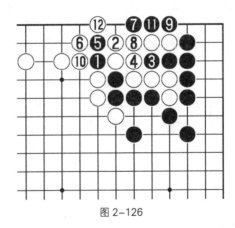

图2-126

（图2-126）黑1直接断是错着，白2立必然。以下至白12止，黑不能满意。

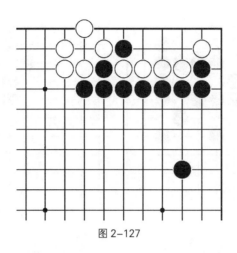

图 2-127

（图2-127）这是实战中经常出现的棋形。黑棋应抓住白形的薄弱环节，以求官子获利。

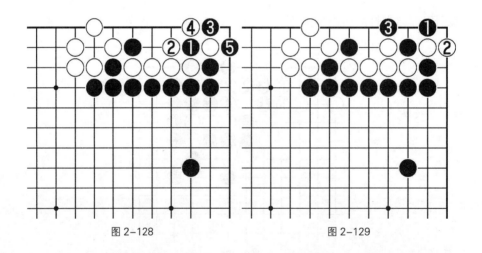

图 2-128   图 2-129

（图2-128）黑1断，是有名的手筋。白2打吃必然，黑3反打又是手筋，以下至黑5成打劫。由于黑劫较轻，白难以打胜。

（图2-129）黑1反打时，白如2位立，黑3成打大劫。由于白棋太重，显然不行。

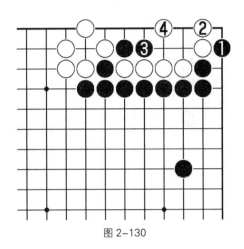

图 2-130

（图2-130）黑如简单地在1位扳，被白2立下后，黑3长时，白4跳，黑无计可施。

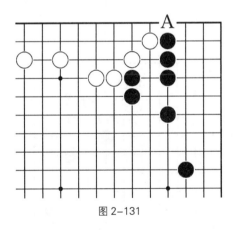

图 2-131

（图2-131）黑棋如放任不管，则白棋于A位先手扳粘很大。

此时，黑棋有手筋可防止白A位扳，请抓住要点。

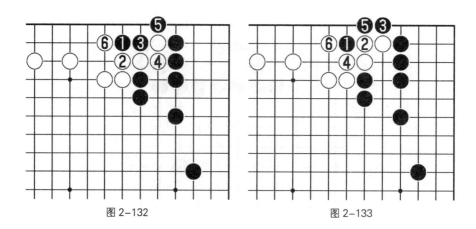

图 2-132   图 2-133

（图2-132）黑1点入，是收官的手筋。白2粘，黑3、5渡过，先手防白棋的扳粘。白6扳，黑棋可以脱先。

白4如于6位扳，黑4位断吃一子很大。

（图2-133）黑1点时，白2如团，黑3扳是常用手筋。以下至白6止，黑棋仍可脱先他投。

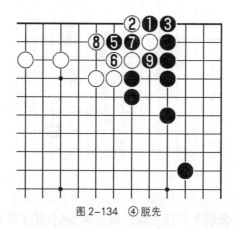

图 2-134 ④脱先

（图2-134）黑1、3扳粘很乏味，纯属逆收官子。

白4可脱先，黑虽有5位点的好手，但白6、8后又可脱先，黑获得的利益等于两手棋换来的，显然不便宜。

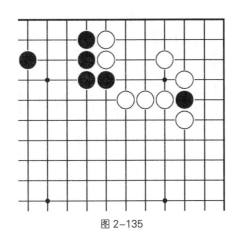

图 2-135

（图2-135）此时黑有一气呵成的手筋，即可获得官子便宜。作为白棋一定要冷静地应对，尽量把损失降到最小。

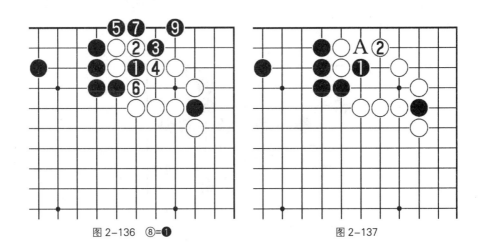

图 2-136　⑧=❶　　　　　　　　图 2-137

（图2-136）黑1、3连扳是收官的手筋。让白4断，黑5以下进行抱打，然后再于9位尖是手筋，白实空被破，黑成功。

（图2-137）由此可见，黑1扳时，白2尖才是最佳的应手。以后黑A位吃两个白子有12目之大。

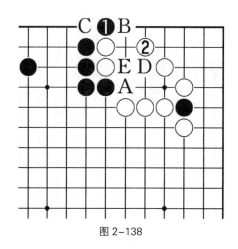

图 2-138

（图2-138）黑1扳，是无谋之着。白2尖是最好的防守，黑棋根本没有占到便宜。

之后，黑如A冲，则白B、黑C、白D。黑1也不能在2位点，白E曲后，黑棋大损。

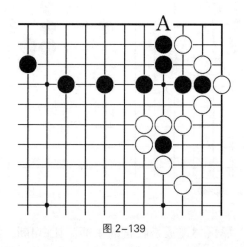

图 2-139

（图2-139）为了防止白A位先手扳的便宜。黑棋如能发现手筋的话，则可获得意想不到的收获。

一定要掌握好行棋的正确次序。

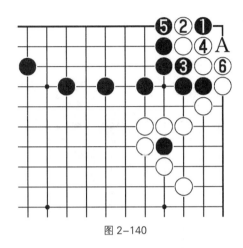

图 2-140

（图2-140）黑1点是收官的巧手筋。白2挡，黑3先挤再5位挡，白6为了防止黑A位打劫只能补一手。这样黑获得先手利益。白2若脱先，黑于4位挤很大。

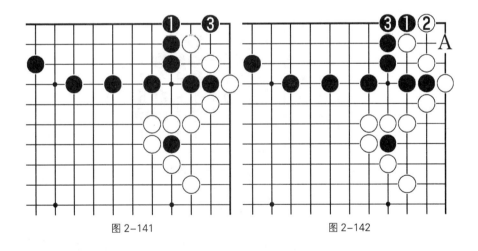

图 2-141   图 2-142

（图2-141）黑1立，虽然防住了白棋的先手扳，但白棋可以脱先。黑3跳入后，与前图相比明显多了一手棋。

（图2-142）黑1、3扳粘是乏味的下法，以后虽有A位点入的手段，但这只是小官子。

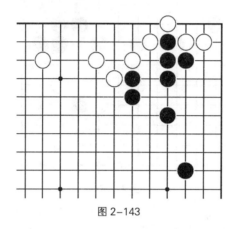

图 2-143

（图2-143）此时黑如放置不走，则白棋有巧妙的收官手筋，黑空会减少很多。

那么，黑棋有先手阻止白棋的手筋吗？

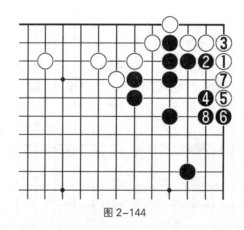

图 2-144

（图2-144）假设黑棋没走，白1尖是巧妙的手筋。黑2挤时，白3接又是好手，而黑棋只好于4位跳。

以下至黑8止，白先手获利很大。

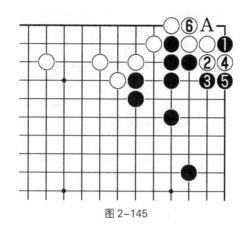

图 2-145

（图2-145）黑1托，是绝妙的收官手筋。白2、4拐出时，黑5挡变成先手，白6只能补一手，否则黑A位即成打劫。

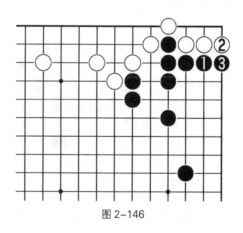

图 2-146

（图2-146）黑1、3挡住，确实是很大的逆收官子，比前图便宜了3目。但问题是黑落了后手，黑棋显然不能满足。

可以肯定说，黑棋如果能像前图换来先手权，一定可在别处补偿这3目的损失。

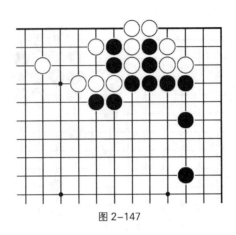

图 2-147

（图2-147）请多利用角上的特殊性来选择最佳应手，争取获得更大
的利益。

那么，黑的手筋在哪里呢？

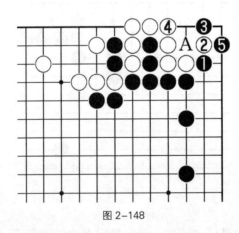

图 2-148

（图2-148）黑1扳，白2挡后，黑3在"二·1"路的夹，是关键的手
筋。白4没办法，黑5渡过后，A位提还是先手，黑收获颇大。

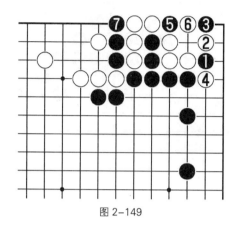

图 2-149

（图2-149）黑3夹时，白如改在4位打吃是无理之着，黑5扑好手，然后7位打吃，白成接不归，白失败。

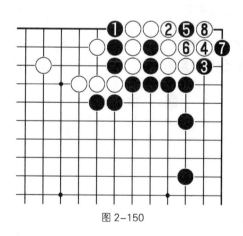

图 2-150

（图2-150）黑随手1位打吃大俗手，白2粘后，黑3、5、7的手段不能成立。至白8后，黑毫无便宜，显然失败。

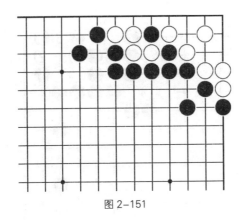

图 2-151

（图2-151）平凡的着想是不行的。要打开思路，意想不到的手筋会自然而出。

第一手要走正确，以后的次序则更重要。

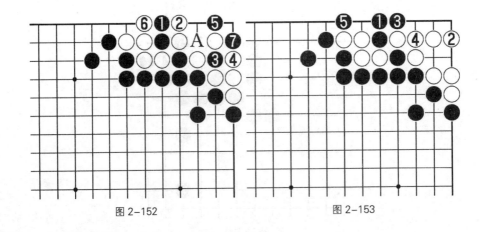

图 2-152   图 2-153

（图2-152）黑1立，白2挡时，黑3先扑是绝妙的手筋。白4提，黑5再托是和黑3相关联的好手。

以下至黑7次序正确，结果成打劫，白不行。白6如改在7位接，黑走A位扑仍是打劫。

158

（图2-153）由前图的结果可以看出，黑1立时，白2只能做活，黑3、5吃住白四子后，收获颇大。

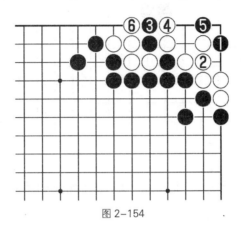

图 2-154

（图2-154）黑1位单托是错误的下法，白2位粘必然。以下至白6提后，黑并无严厉手段，显然失败。

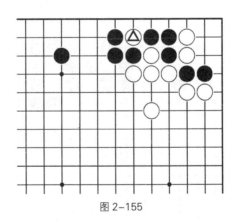

图 2-155

（图2-155）由于有白△子的关系，在实战中黑棋不太容易发现手筋。

但此形却大有文章可做，特别要注意角上的特殊性。

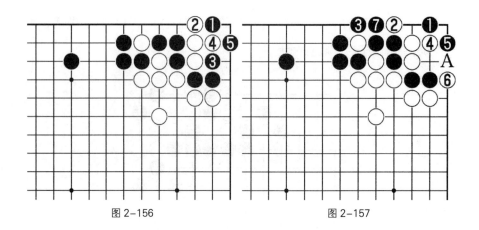

图 2-156   图 2-157

（图2-156）黑1点，是"二·1"路上常见的手筋。白如2位挡，黑3、5即成劫争，白大恶。

（图2-157）白2先打，再4位压是强手。但黑棋仍有5位扳的好手筋。白6打，黑7后成接不归。

白6如于A位打，黑仍在7位打吃，这样也是打劫。

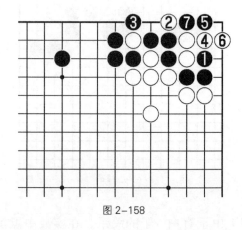

图 2-158

（图2-158）黑1拐是无谋之手。白有2位打吃后再于4位拐的好手。黑5虽是局部好手，但白6立后，黑7扑变成后手，即使白提掉黑二子，黑也毫无收获。

黑1如在4位夹，因为白2仍是先手，黑必将失败。

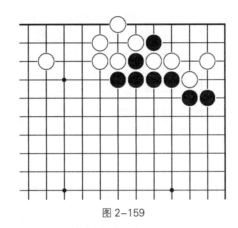

图2-159

（图2-159）这是侵入白阵的有名手筋。简单的着想是不行的，要打开思路，你就会发现手筋。

请注意，黑棋应当注意防止白棋的顽强抵抗。

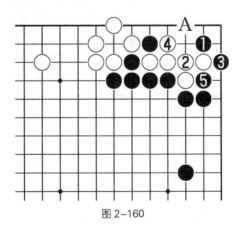

图2-160

（图2-160）黑1靠，是严厉的手筋。

白如2位粘，黑3扳是相关联的好手，以下至黑5渡过，黑收获很大。以后黑A位小尖是黑棋的先手权利。

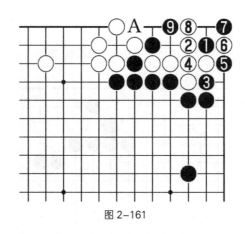

图 2–161

（图2–161）黑1靠时，白2虎是反击的强手。

黑3、5渡过，白6扑、8立，黑9尖后白还须补一手，否则以后留有黑A位扑的打劫手段。

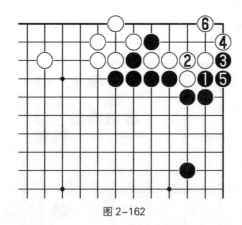

图 2–162

（图2–162）黑1打吃后，再3、5先手扳粘，一般人都会这样下，但这是典型的大俗手。

黑棋虽是先手收官，但实质上并没有取得更大的利益，失败也是必然的。

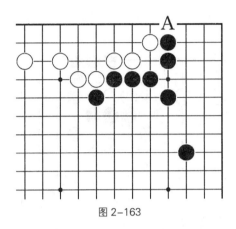

图 2-163

（图2-163）黑棋为了防住白A位的先手扳，必须找到手筋，才能获得官子便宜。

请注意白棋的缺陷。

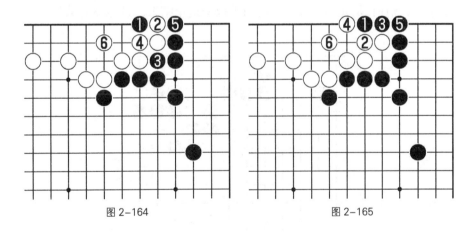

图 2-164   图 2-165

（图2-164）黑1点入，是有趣的官子手筋。

白2挡，黑3先挤再5位挡是正确的次序，白6只能后手补，黑达到先手阻止白5位扳粘的目的。

（图2-165）黑1点时，白如改在2位团，黑3、5仍是先手，白损失更大。

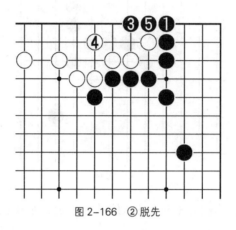

图2-166　②脱先

（图2-166）黑1单立是乏味的下法，白2可以脱先，黑虽有3、5点过的手段，但白2是先手，黑等于花两手换来这个结果，显然不能满意。

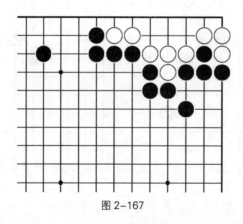

图2-167

（图2-167）白棋的角上不存在死活问题。但如果黑棋能发现手筋，将使白空的目数减少。

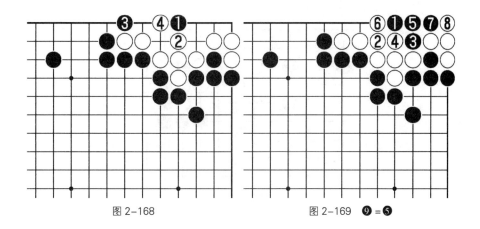

图 2-168   图 2-169 ⑨=❺

（图2-168）黑1点入，是锐利的官子手筋，也就是人们常说的"田字筋"急所。

白2顶，只此一手，黑3扳，白4后手补。黑棋先手便宜2目棋。

（图2-169）白如2位粘是错着，黑3断好手，以下至黑9点，白全体被杀。白2如走3位粘，黑2断成打劫。

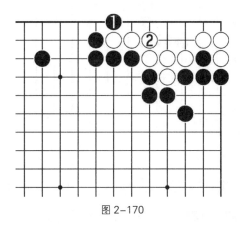

图 2-170

（图2-170）黑如1位扳是不加思考的随手棋，被白2简单粘住，与（图2-168）相比，损失了2目。

165

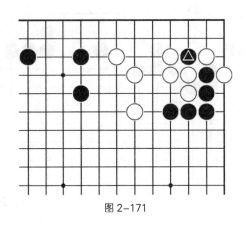

图 2-171

（图2-171）白棋角上看似完整，其实黑棋还是有机可乘的。

请充分利用黑❹一子，抓住形的要点。

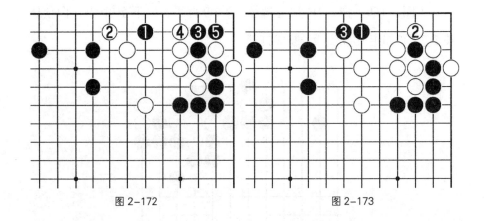

图 2-172   图 2-173

（图2-172）黑1点，是收官的手筋，目的是要两边利用。

白2阻渡，黑3、5吃掉角上白二子，收获可观。

（图2-173）黑1点时，白如2位提净，则黑3渡过也可满足。

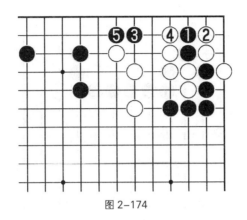

图 2-174

（图2-174）黑1先立次序有误，白2挡必然。以下黑3、5虽也能渡过，但与前图弃掉一子相比，本图还是稍损了一点。

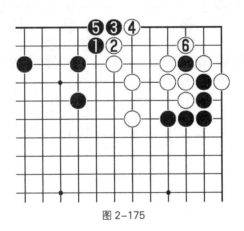

图 2-175

（图2-175）黑1小尖是平凡的着法，这也是一般人的第一感。

白2挡，黑3、5虽是先手收官，但被白6提净后，黑一无所获。

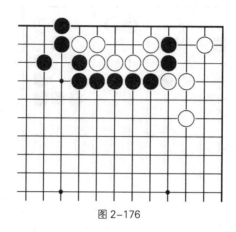

图 2-176

（图2-176）请最大限度地利用两个黑棋死子，获取官子便宜。

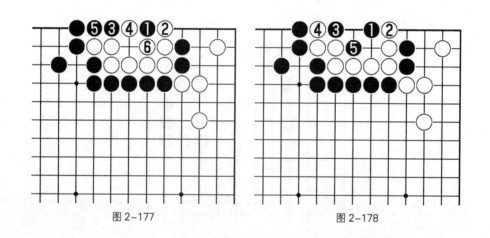

图 2-177   图 2-178

（图2-177）图1点是该棋形的要点，白2挡，黑3托是巧妙的好手。

以下至白6，黑先手便宜2目。白2如走4位尖，黑5曲，结果与本图一样。

（图2-178）黑3托时，白4位挡无理。黑5尖后成打劫，白失败。

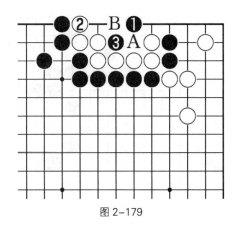

图 2-179

（图2-179）黑1点时，白2是最强的抵抗。黑3尖妙手，仍是打劫。
之后，白不能走A位，黑B粘，白死。

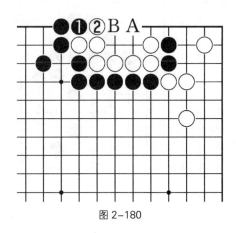

图 2-180

（图2-180）黑1拐，是无谋的一手，被白2挡后，黑不满意。

黑1如单在2位托，则白在1位，黑A再点时，白可于B位提，黑
不行。

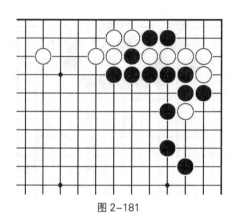

图 2-181

（图2-181）请活用两个黑棋死子，单纯的下法肯定不会获利。
要特别注意角上的特殊性。

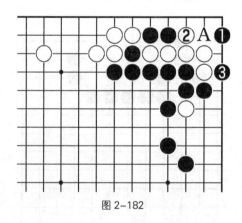

图 2-182

（图2-182）黑1点是"二·1"路上的收官手筋。白2大致如此，黑3
扳过大成功。这是后手11目的大官子。

白2如走A位，黑仍3位扳，白无法打劫。

170

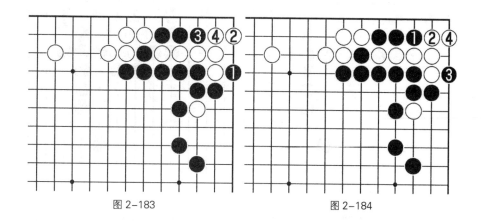

图 2-183　　　　　　　　　图 2-184

（图2-183）黑1如随手扳是错误的下法，白2尖是好手。正如棋谚所说："对方的急所就是我方的急所。"

（图2-184）黑1爬也不好，至白4与前图一样。

以下至白4，黑一无所获。白2不能走3位，否则黑仍可2位点。

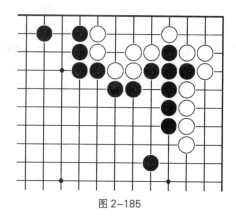

图 2-185

（图2-185）本形虽然范围很小，但仍存在形的急所。请抓住形的要点。

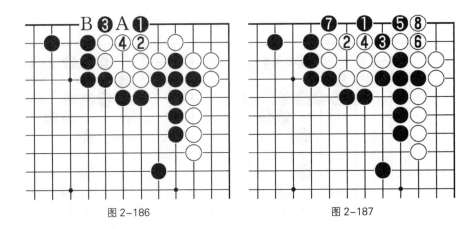

图 2-186   图 2-187

（图2-186）黑1点是正确的收官手筋。白2顶大致如此，黑3扳，白4只能屈服，黑十分满意。之后，白A、黑B是白棋的权利。

（图2-187）白如2位曲，黑3、5做劫是强硬的手段，以下至白8止，与前图相比，白棋损了1目棋。

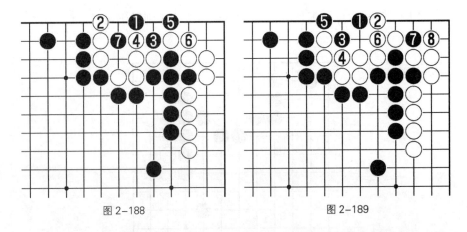

图 2-188   图 2-189

（图2-188）黑1点时，白2立是无理手，黑仍有3、5做劫的手段。以下至黑7挖入，成打劫，白不行。

（图2-189）白2虎更是错误的下法。黑3、5渡过后，白6不能省略，然后黑7断求得先手，这个结果白损失更大。

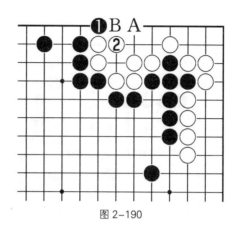

图 2-190

（图2-190）黑1扳是无谋的下法，白2简单曲后，黑A位点已不成立，白B挡住后，黑失败。

白2不能在B位挡，否则黑有2位断打的好手。

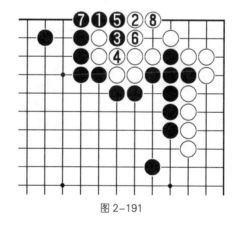

图 2-191

（图2-191）黑1扳时，白2跳看似急所，却是一步大损着。

黑3打吃，以下至白8止，黑先手获利很大。黑1不能在3位夹，否则白单在1位立下，黑不行。

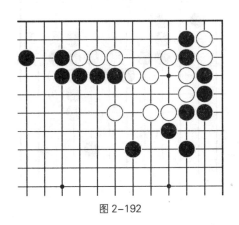

图 2-192

（图2-192）请最大限度地利用两个废子，去获得官子便宜。

简单的下法不会成立，应抓住形的急所。

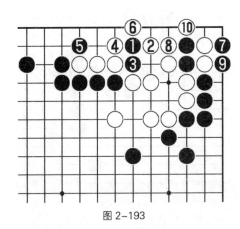

图 2-193

（图2-193）黑1点，是收官的巧妙手筋。白2只能如此，黑3、5先手

便宜后，再于7、9位角上获利，至白10后，黑十分满足。

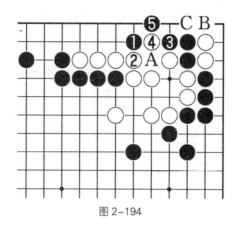

图 2-194

（图2-194）黑1点时，白2粘是无理手。黑3、5曲打后成劫争。之后，白不能在A位粘，否则黑B扳，白两子被吃。白4也不能在C位扳，被黑4位粘后，白不行。

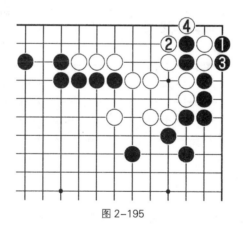

图 2-195

（图2-195）黑1、3直接在角上收官是局部的手筋，但与（图2-193）相比，明显不能满意。

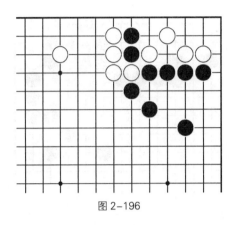

图 2-196

（图2-196）如能发现本形的官子手筋，会收到意想不到的效果。

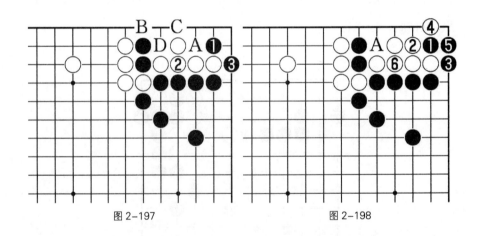

图 2-197   图 2-198

（图2-197）黑1夹，是此际绝好的收官手筋。

白2大致如此，黑3渡过可以满足。以后，黑A、白B、黑C、白D是黑棋的先手权利。黑1、3具有10目以上的价值。

（图2-198）黑1夹时，白2不好，黑3、5渡过变成先手。白2如走A位应，则黑于2位挤。

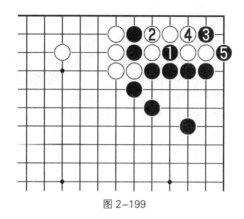

图 2-199

（图2-199）黑1先打再3位夹是错误的下法。以下至黑5虽也能渡过，但与（图2-197）相比，明显受损。

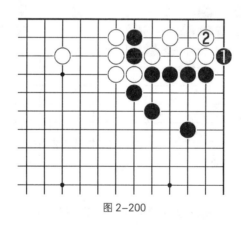

图 2-200

（图2-200）黑1单扳是乏味的下法，白2曲是好手，黑显然失败。

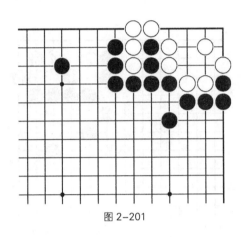

图 2-201

（图2-201）如能发挥出手筋的效果，就可以吃掉白棋四子。

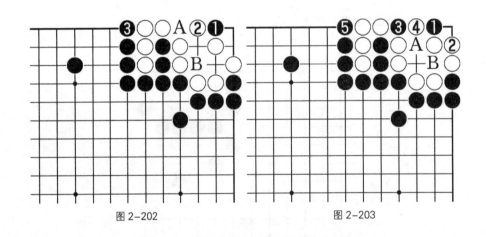

图 2-202　　　　　　　　　　图 2-203

（图2-202）黑1托，是绝对的"二·1"路手筋。

白2虎时，黑3打后，白已不能在A位粘，否则黑B位双打，白失败。

（图2-203）白2若团，黑3扑又是一步好手。以下至黑5打后，白仍不敢3位粘。白2若A位粘，黑B扑后成为劫争，白棋更为不利。

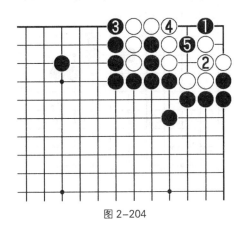

图 2-204

（图2-204）黑1托时，白2粘是最强的抵抗下法。

黑3打后再5位挖是漂亮的着法，白棋成打劫活，显然失败。

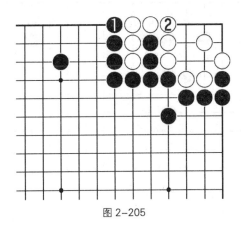

图 2-205

（图2-205）黑1若随手打吃，被白2接住后，毫无妙味可言。

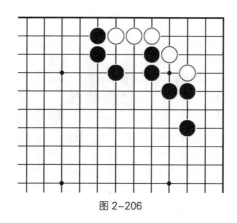

图 2-206

（图2-206）白棋角内形状很薄，一看就知道有缺陷，黑棋如何击中其要害呢？

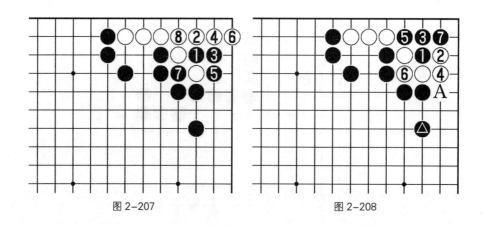

图 2-207   图 2-208

（图2-207）黑1卡是手筋，白2、4只能打挡做活，以下至白8粘止，黑棋先手达到侵角目的，十分满足。

（图2-208）白2打，黑3立，以下至黑7成必然。由于黑●子的作用，白A已拐不出来，白棋彻底崩溃。

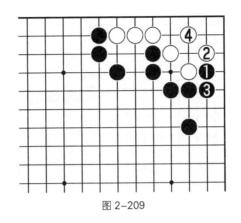

图 2-209

（图2-209）黑1、3扳粘，虽也是先手收官，但与（图2-207）相

比，黑棋损失了6目。

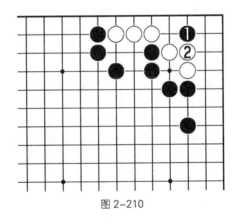

图 2-210

（图2-210）黑1点，看似手筋，但被白2粘后，黑棋无后续手段。

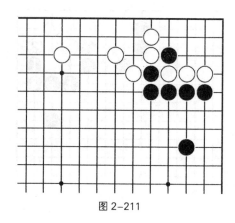

图 2-211

（图2-211）这是实战中最为常见的形状，颇具实用性。

舍弃残子换取利益是本形的关键。

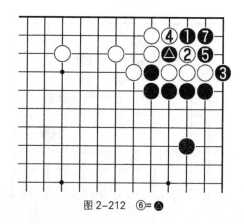

图 2-212　⑥=▲

（图2-212）黑1尖，是实战中利用率最高的官子手筋。

引诱白2打吃，黑再3、5位滚打，至黑7粘，黑几乎占据全部角地，收益甚大。

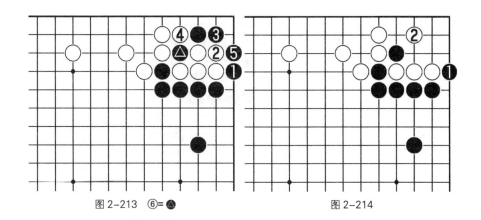

图2-213 ⑥=△   图2-214

　　（图2-213）黑1打时，白如2位团，黑3打，以下至白6粘，白虽可比前图多得3目，但却落了后手，得不偿失。

　　（图2-214）黑1扳虽也是先手，但未免太乏味，与（图2-212）相比，却损了七八目。

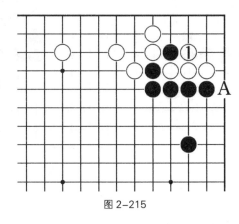

图2-215

　　（图2-215）白1挡，具有后手18目的价值。之后，A位扳粘是白棋的先手权利。

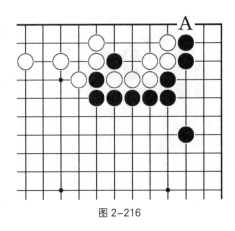

图 2-216

（图2-216）黑棋如果能走出有力的手筋，即可获得官子利益。

请注意，白A位先手扳粘很大。

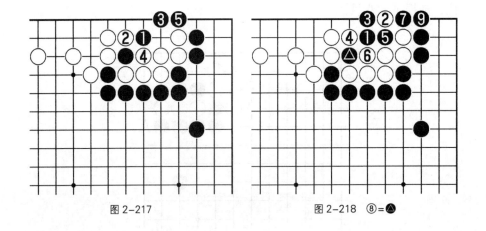

图 2-217　　　　　　　　图 2-218　⑧=▲

（图2-217）黑1小尖是正确的收官手筋。白2打吃，黑3再尖是关联的好手。至黑5渡过，黑逆收官子很大。

（图2-218）黑1尖时，白2虽占到双方的急所，但黑3挡是好手。

以下至黑9粘，结果与前图大同小异。

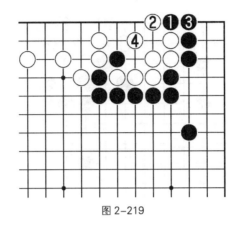

图 2-219

（图2-219）黑1、3虽是先手收官，但与（图2-217）相比，损失了约6目，当然不能满意。

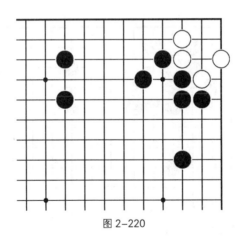

图 2-220

（图2-220）这是实战中经常出现的棋形。

白棋当然不存在生死问题，但黑棋如能走出手筋，将会获得官子利益。

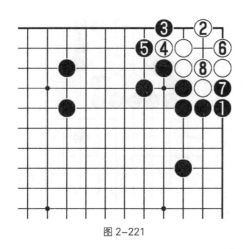

图 2-221

（图2-221）黑1单立是收官的好手。白2小尖是活棋的要点。

以下至白8成必然，白棋只有2目活棋。

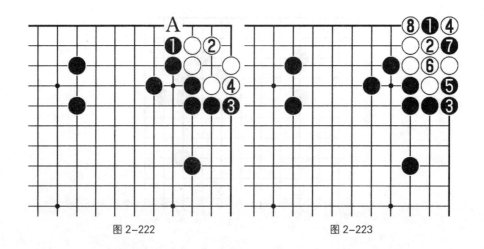

图 2-222   图 2-223

（图2-222）黑1随手挡是不负责任的下法。以下至白4做活后，A位扳粘是白棋的权利。本图与前图相比，黑亏损了2目。

（图2-223）黑1点虽是要点，但在此时不能成立。以下至白8后，黑棋成"胀死牛"。

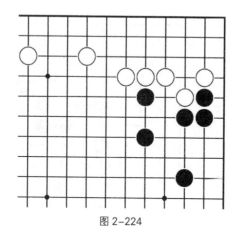

图 2-224

（图2-224）这是实战中经常出现的形状。那么，黑怎样收官才能获利呢？

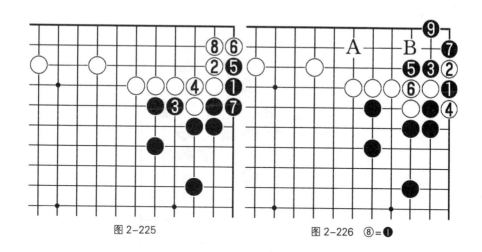

图 2-225　　　　　　　　　图 2-226　⑧=❶

（图2-225）黑1扳时，白2退是正确的应对。黑3再打吃是正确次序，以下至白8止，黑先手获取5目的官子。这也是本形双方最佳的应对。

（图2-226）黑1扳时，白2强行挡无理。黑3断打后再黑5、7是严厉的反击手段，至黑9成活棋。假如白A有子的话，再于B位托，黑不是活棋。

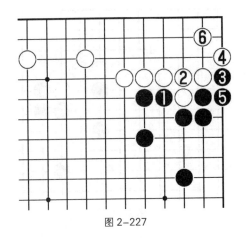

图 2-227

（图2-227）黑1先打再3位扳是错误的下法。由于白棋有了2位一子，白可理直气状地在4位打，以下至白6止，黑棋由于次序有误，明显损了2目。

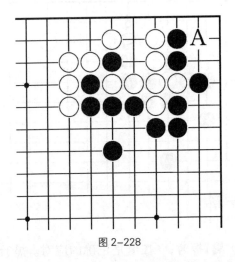

图 2-228

（图2-228）白棋在A位夹是很大的官子，如何防白于A位夹呢? 请注意行棋的先后手。

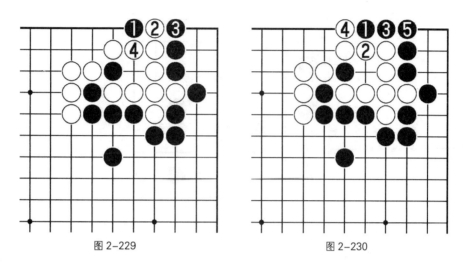

图2-229   图2-230

（图2-229）黑1点是巧妙的手筋，白2挡时，黑3也挡，变成先手，白4只能后手补，否则黑4位冲是倒扑。黑棋能先手防住白夹的手段，官子获得极大成功。

（图2-230）黑1点时，白2粘正确，以下至黑5粘，虽说落了后手，但便宜了2目。

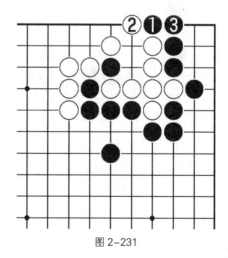

图2-231

（图2-231）黑1、3扳粘，显然是平凡的下法，与前图相比，明显损了2目。

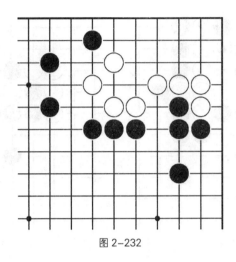

图 2-232

（图2-232）这是实战中常见之形。黑应采取官子功夫，才能获得利益。

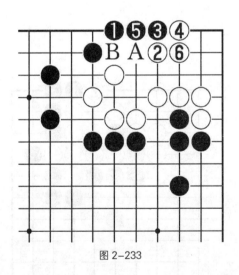

图 2-233

（图2-233）黑1尖，是巧妙的官子功夫，在实战中颇具实用性。

白2跳是最佳的应对，以下至白6粘，黑先手获得官子便宜。白2如走A位尖，则黑5爬，白无应手。白2如走B位也不好，黑有3位跳的好手。

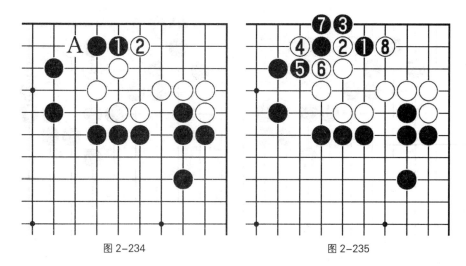

图 2-234　　　　　　　　　　图 2-235

（图2-234）黑1爬是大多数人的第一感，但被白2扳住后，黑毫无便宜可言。以后，白A位靠是白棋的权利，黑失败。

（图2-235）黑1跳也是一般人会采取的下法。白2、4冲夹是好手，以下至白8止，黑仍须后手补一手，黑不能满意。

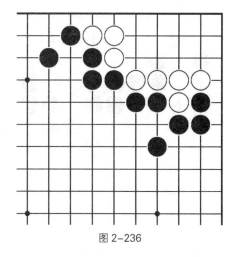

图 2-236

（图2-236）黑先走白地有多少目呢？只要能发现手筋，黑将获得官子便宜。

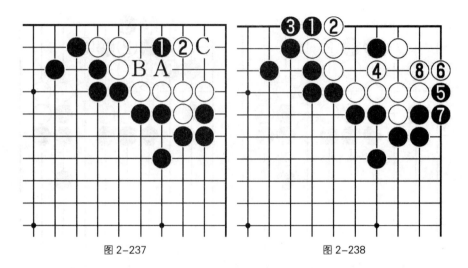

图 2-237   图 2-238

（图2-237）黑1点入是形的急所。白2只能这样应对，如走A位或B位的话，被黑于C位跳入，角上白无论怎样走都有棋。

（图2-238）接前图。黑1、3扳是先手，然后再于5、7位扳粘仍是先手。黑棋两边得到便宜，使白空变为12目。

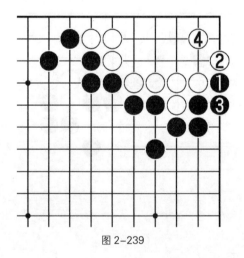

图 2-239

（图2-239）黑1、3先手扳粘是乏味的下法，至白4补后，角上已彻底无棋，与前图相比，白空多了2目。

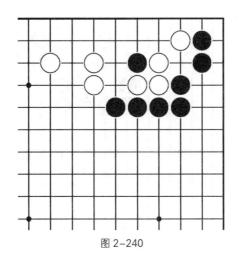

图 2-240

（图2-240）黑先，如何收官才能获得便宜呢？请注意行棋的次序。

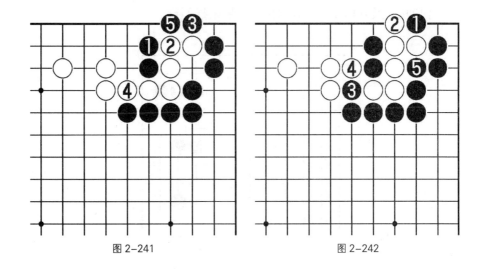

图 2-241   图 2-242

（图2-241）黑1立是必然的，白2团时，黑3扳是绝好的手筋。

白4只能接回，黑5渡过后可以满足。

（图2-242）黑1扳时，白如2位挡是无理手。

黑3、5一气呵成，白数子被吃，显然不行。

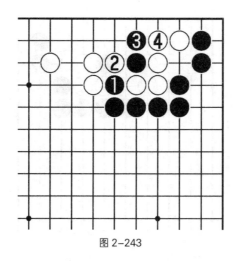

图 2-243

（图2-243）黑1冲是无谋的一手，次序明显有误。

白2断，黑3再立时，白可4位团，黑杀气不行。

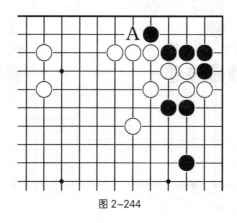

图 2-244

（图2-244）如果该白棋走，A位挡是绝对先手。

现在是该黑棋走，如何收官才能收到最大的利益？请把思路放开一些。

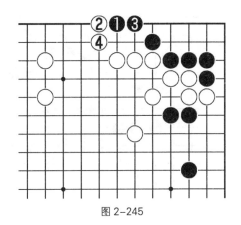

图 2-245

（图2-245）黑1小飞，是此场合下的收官巧手。

白2、4是最好的应对，黑先手获得4目便宜。

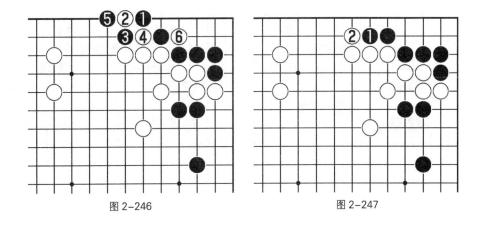

图 2-246　　　　　　　　　　　图 2-247

（图2-246）黑1小尖看似妙手，其实不行。

白2靠是强手，黑3打时，白4、6后，黑显然不能成立。

（图2-247）黑1爬，是平凡的下法，也是一般人的第一感觉。

被白2挡后，与（图2-245）相比，黑损了2目。

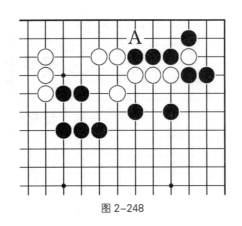

图 2-248

（图2-248）现在的焦点是在白A扳之前，黑应抓住机会先发制人。

如果由于看不到要点而丧失战机，就实在可惜。

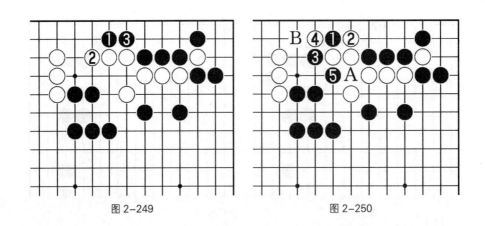

图 2-249   图 2-250

（图2-249）黑1托，充分抓住了白棋形状的缺陷，白2退时，黑3连

回。虽是后手官子，但却很大，黑棋官子取得了成功。

（图2-250）白2位阻渡无理，黑3扳起严厉。白4打时，黑5虎是机

会。之后，A、B两点见合，白不行。

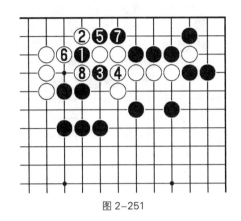

图 2-251

（图2-251）黑1靠是错误的下法。白2扳，黑3、5断虽是局部好手，但白可于6位打，以下至白8止。黑虽有所收获，但不如（图2-249）的下法有力。

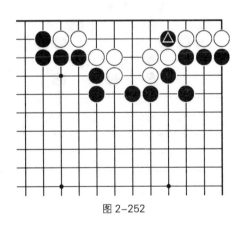

图 2-252

（图2-252）黑棋怎样利用◬子，去施展严厉的手筋呢？要特别注意白棋形状的薄弱之处。

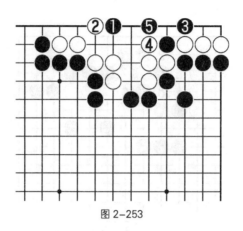

图 2-253

（图2-253）黑1觑点是绝妙的手筋，意图在左边或右边挑起劫争。

白如2位虎，则黑3扳、5虎是顽强的手段，以至做成劫争，白棋负担明显太重。

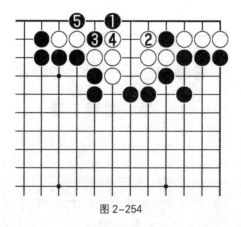

图 2-254

（图2-254）黑1点时，白2右边拐吃是减少损失的正着。

黑3断、5虎在左边挑起劫争。通过打劫，黑棋就能有所收获。

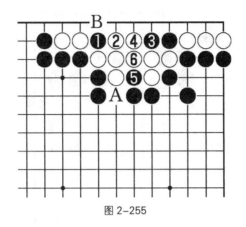

图 2-255

（图2-255）黑1断，是无谋的着法。以下进行至白6止，由于A处尚未紧气，黑B立的手段无法成立。

白2千万不要在B位打吃，否则黑于4位点，白棋马上就出问题了。

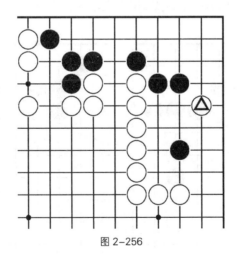

图 2-256

（图2-256）白△点是严厉的手段，黑棋如何应对才不至于官子受损呢？

请注意自身的毛病。

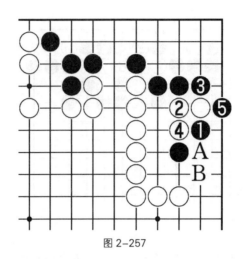

图 2-257

（图2-257）黑1尖是此形的好手，白2只能长，黑3、5渡过后，使黑棋损失减到最小。

之后，白A位打是后手，黑B位尖也很大。

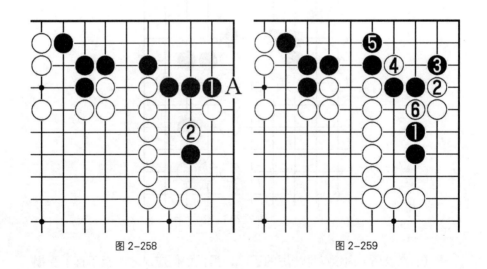

图 2-258　　　　　　　　图 2-259

（图2-258）黑1挡是平凡的一手，明显官子功夫不足。

白2尖，吃掉黑一子很大，之后A位扳是白棋的权利。

（图2-259）黑1并看似严厉，但遭到白2、4的妙手，以下至白6冲，黑棋损失更大。

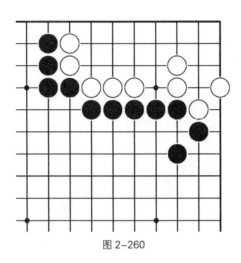

图 2-260

（图2-260）白棋明显存在形状上的不足。那么，黑棋如何及时抓住机会获利？

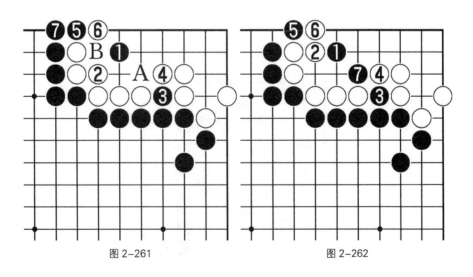

图 2-261　　　　　　　　　　　图 2-262

（图2-261）黑1点，是形状的急所。白如2位粘，黑3先冲，再5、7

位扳粘是绝好的次序。

由于白棋无法同时补净两个断点，白只好在A位粘，让黑在B位断，黑大可满足。

（图2-262）白如2位顶是大恶手，黑仍先3位冲再5位扳，以下至黑7断，白失败。

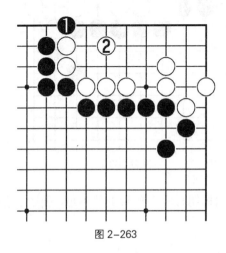

图 2-263

（图2-263）黑1扳，是无谋的大恶手。被白2占到急所后，黑无计可施。由此可见，2位之点是双方必争的急所。

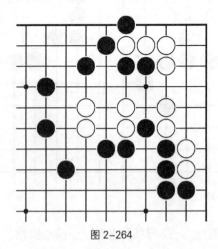

图 2-264

（图2-264）白棋的形状看似完整，其实还是有机可乘的。

请抓住形的要点。

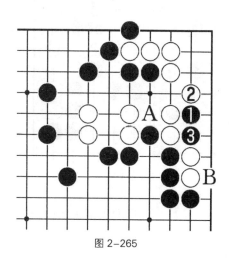

图 2-265

（图2-265）黑1托，是锐利的官子手筋。白如2位虎，黑3断好手。

以后，A和B位两点成见合，黑大有收获。

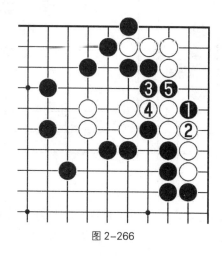

图 2-266

（图2-266）黑1托时，白如2位粘，黑3、5冲出后，白棋无法应对，

显然不行。

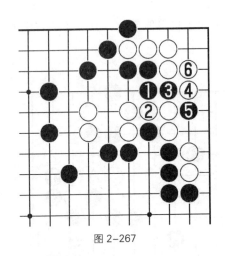

图 2-267

（图2-267）黑1直接冲是典型的大俗手。白2粘，黑3、5再冲断时，白可于6位粘。黑次序有误，一无所获。

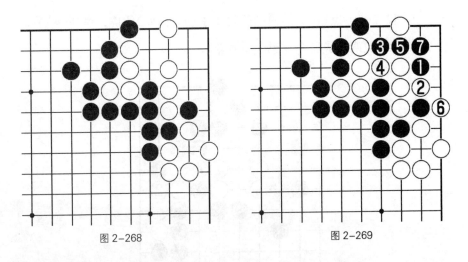

图 2-268　　　　　　　　　图 2-269

（图2-268）此形如简单地行棋是不会收到好的效果的。如能发现手筋，将会从中获利。

（图2-269）黑1托，是绝妙的官子手筋。白2时，黑3打，白如4位强行接。以下至黑7粘，白角空被破，黑获得大战果。

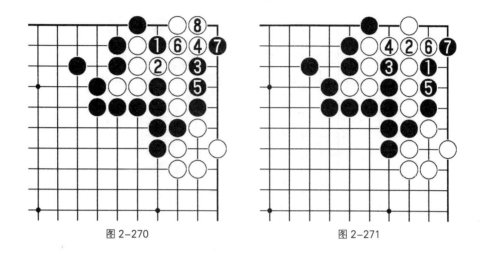

图 2-270　　　　　　　　　　图 2-271

（图2-270）黑1打吃俗手，白在2位粘后，黑3再托时，白可4位虎，以下进行至白8粘，形成有眼杀无眼局面，黑失败。

（图2-271）黑1托，白2粘是最顽强的抵抗。

黑3冲后再5位粘严厉，以下至黑7扳，角上将成打劫，白显然不行。

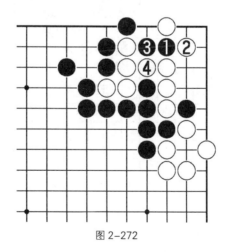

图 2-272

（图2-272）黑1挖，看似妙手，其实是一步误算。

白只要简单地在2位打吃，黑3长时，白4接后，黑两子已接不归。

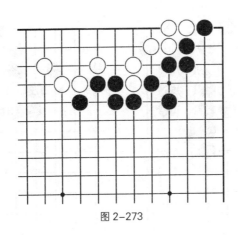

图 2-273

（图2-273）即使是名家也难免下出错着。这是日本明治时代的名家村濑秀甫先生在官子阶段下出的大漏着。

由于白棋在角上扳粘撞紧了气，黑可施展手筋。

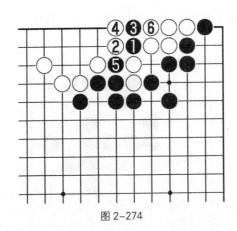

图 2-274

（图2-274）黑1挤，是有名的妙手。

白2只能打，黑3立下是相关联的手筋。白4打，黑5弃两子是好手。

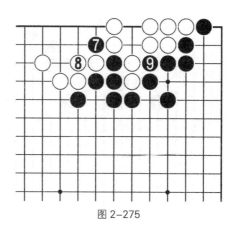

图 2-275

（图2-275）接前图。黑7断打后，再于9位单打是手筋。

至此，白棋七个子被吃接不归，损失很大。

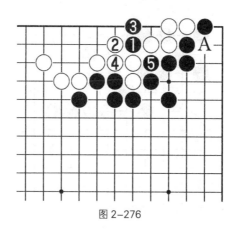

图 2-276

（图2-276）黑1、3立下时，白只能4位粘，减少损失。

但被黑5吃掉四子后，A位的断点也省掉了，黑成功。这也是当时的
实战对局过程。

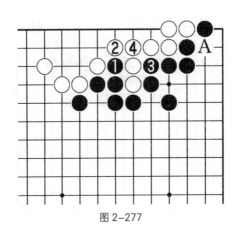

图 2-277

（图2-277）黑1、3冲打，是典型的大俗手。这样虽是先手收官，但与前图相比，损失了11目以上，而且还留有A位的毛病。

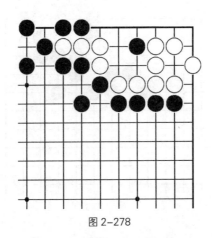

图 2-278

（图2-278）现在的焦点是如何巧妙收官，获取大的利益。

请打破正常的行棋思路，你就会发现妙手。

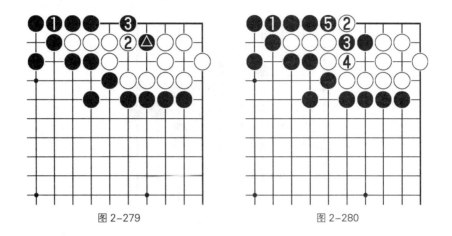

图 2-279   图 2-280

（图2-279）黑1单接回，是一般人不注意的妙手，也是连回黑▲子的唯一办法。

白2顶，黑3扳即可渡过，黑十分满意。

（图2-280）黑1接时，白如在2位尖，黑3挤是好手，至黑4仍可连回。

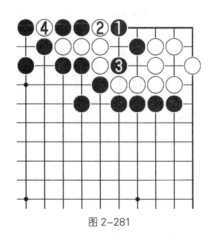

图 2-281

（图2-281）黑1尖看似好手，但在此时却不适用。

白2位阻渡严厉，黑3断时，白4提后，对杀黑气不够，显然失败。

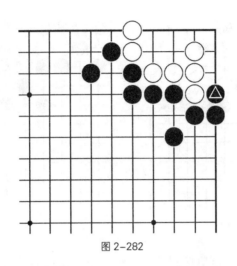

图 2-282

（图2-282），由于黑▲之子是硬腿，所以要充分利用，使之收官获利。

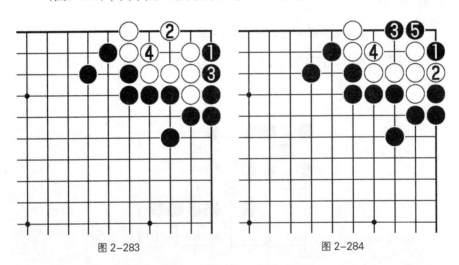

图 2-283　　　　　　　　　　图 2-284

（图2-283）黑1托是收官的手筋，白2虎是正着，以下至白4做活，白仅得2目。

（图2-284）黑1托时，白2位挡是最顽强的应手。

黑3点是好手，白4只好粘，黑5长，成为万年劫，白棋终究是个负担。

白4不能在5位挡，否则黑4位断即成"金鸡独立"。

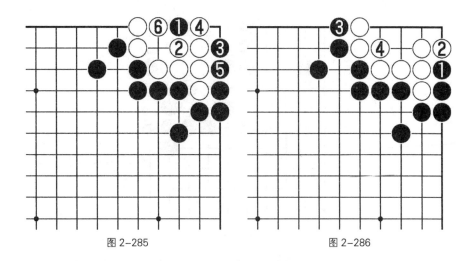

图 2-285   图 2-286

（图2-285）黑1先点虽是形的筋，但次序有误。

白2团好手，黑3托，以下至白6提，白地成3目。

（图2-286）黑如1位随手冲是平凡的下法，白2挡必然，以下至白4，白地成为5目。

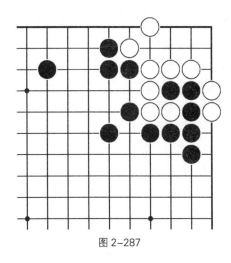

图 2-287

（图2-287）此形虽不存在死活问题，但黑棋如能走出手筋，还是可以获得官子便宜的。

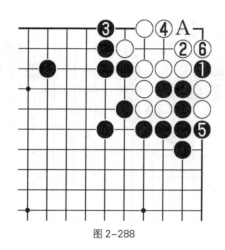

图 2-288

（图2-288）黑1扑，是此际的收官好手。白2退，是唯一活棋的好手，以下至白6止，黑先手获得6目便宜。

白4不能在6位提，否则黑A位靠，白不活。

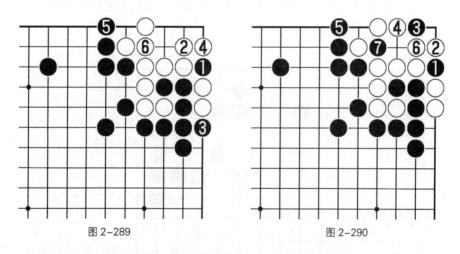

图 2-289　　　　　　　　　图 2-290

（图2-289）前图黑3如先于本图3位提，是错误之着。由于和白4先交换，当黑5立时，白可于6位粘。与前图相比，黑损了1目。

（图2-290）黑1扑，白2提是大恶手，黑3点是急所。以下至黑7扑，白整块棋不活，失败。

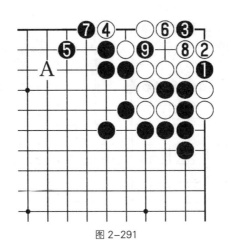

图 2-291

（图2-291）假如A处没有黑子的情况下，白2也不能提。

黑3点时，白虽有4位扳的强手，但以下至黑9扑，白大块棋仍是打劫活。

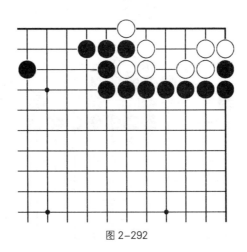

图 2-292

（图2-292）此时的问题是角上白棋有多少目？假如是细棋，黑棋能走出官子手筋，对整盘棋的胜负将起到至关重要的作用。

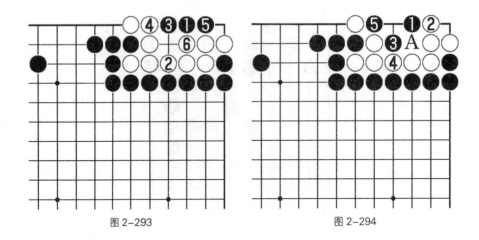

图 2-293   图 2-294

（图2-293）黑1点，是锐利的官子手筋。对此，白2粘是活棋的好手，黑3、5长后，白6只能后手补一手。至此，角上成双活，黑大有收获。

（图2-294）黑1点时，白2无理，黑利用白棋气紧的不足，于3、5位扑，由于白A位不入气，角上成打劫活。

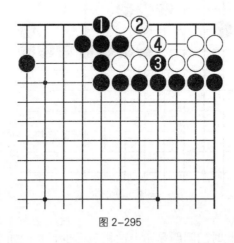

图 2-295

（图2-295）黑1打吃后再于3位冲，这种下法是很单调的，黑棋一无所获。

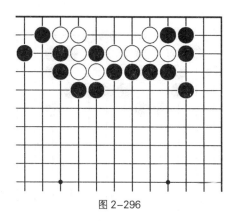

图 2-296

（图2-296）这道题看似简单，其实很有学问。关键是行棋的次序。

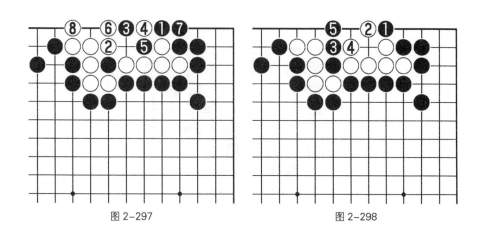

图 2-297   图 2-298

（图2-297）黑1扳，是收官好手。白棋为了求活，只能在2位单提，黑3跳，以下至白8后手做活，黑大有收获。白4不能单走6位挡，否则被黑于4位接，白棋成死棋。

（图2-298）黑1扳时，白不能在2位挡，否则黑于3、5立下后，成"金鸡独立"，白被杀。

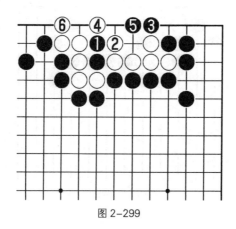

图 2-299

（图2-299）黑1先长是错误的下法，以下至白6做活，与（图2-297）相比，黑损失了3目。

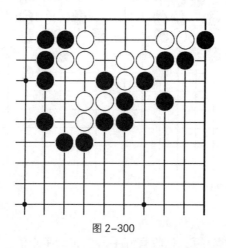

图 2-300

（图2-300）这个题虽没有死活问题，但黑如能走出锐利的官子手筋，仍可获得官子便宜。

请抓住形的急所。

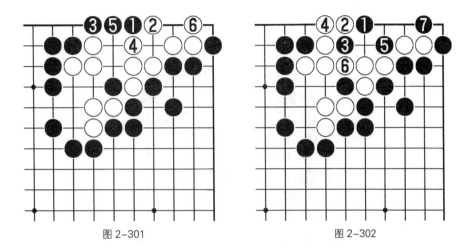

图 2-301　　　　　　　　　　　图 2-302

（图2-301）黑1点是锐利的官子手筋，左右两边均可利用。

白2虎正确，黑3扳过可以满足，至白6，黑十分满意。

（图2-302）白如2位阻渡，黑3先打再5位断是正确的次序。以下至黑7吃掉白两子，收获很大。

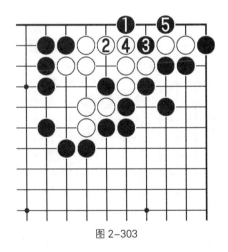

图 2-303

（图2-303）白如2位应是无理手，黑3、5做劫是严厉的手段，白成打劫活，显然不行。

由此可见，（图2-301）是先手4目，（图2-302）是后手8目。

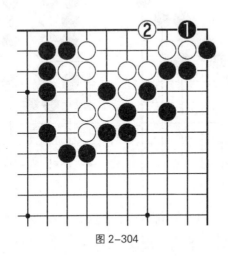

图 2-304

（图2-304）黑如随手在1位扳，与白2交换后，黑棋一无所获。

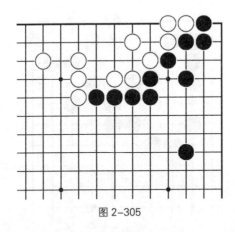

图 2-305

（图2-305）这是实战中经常见到的形状，黑棋如能发现急所，这个问题就很容易解决了。

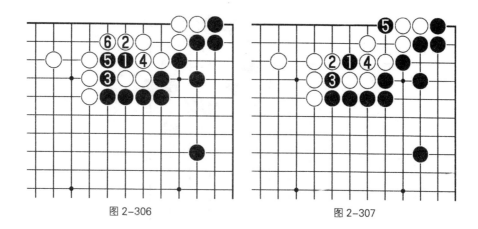

图 2-306　　　　　　　　　图 2-307

（图2-306）黑1靠，是严厉的收官手筋。白2只能忍让，以下至白6
止，黑先手获得官子便宜。

（图2-307）黑1靠时，白2应是无理手。黑3断打再5位吃，白三子已
接不回去，白失败。

白2如于3位接，黑4位断打，白也不行。

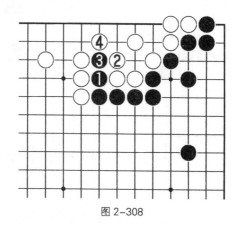

图 2-308

（图2-308）黑1随手冲是乏味的一手，白2曲是正确的应手。以下至
白4挡，与（图2-306）相比，黑损了2目。

由此可见，2位是双方必争的急所。

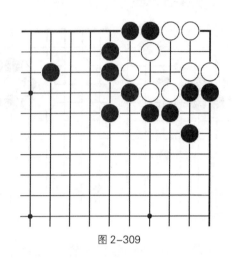

图 2-309

（图2-309）白棋虽不存在生死问题，但棋形还存有一定缺陷。

那么，白棋角空到底有多少目呢?

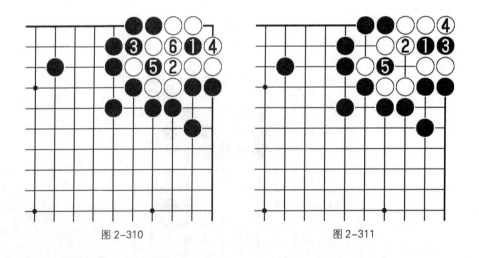

图 2-310   图 2-311

（图2-310）黑1挖入是形的急所，白2粘是正确的应对。

黑3打，以下至白6止，白角空只有3目弱。

（图2-311）白如2位随手粘，黑3送二子是严厉的杀着，至黑5扑，

白角被杀。

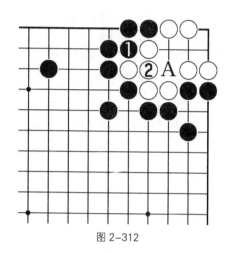

图 2-312

（图2-312）黑1随手打是无谋的下法，白2接后，角空成为5目。

黑1如在2位扑，白A提后，角上仍是5目。

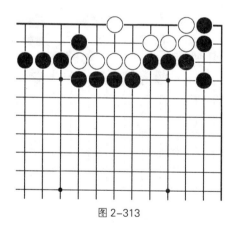

图 2-313

（图2-313）黑棋如能发现手筋，就会收到意外的效果。

请注意白棋气紧的不足。

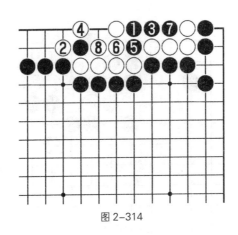

图 2-314

（图2-314）黑1靠，是锐利的手筋，仅此一手即可获利。

白2断是绝妙的解救之着，黑3长是相关联的好手。以下至白8，双方大致如此。黑棋先手吃掉四子，收获甚大。

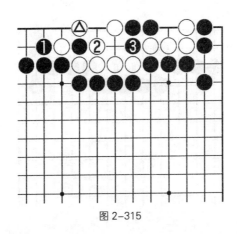

图 2-315

（图2-315）白△打时，黑1随手打是大恶手。

以下至黑3虽也能吃掉白四子，但黑棋变成了后手，显然有问题。

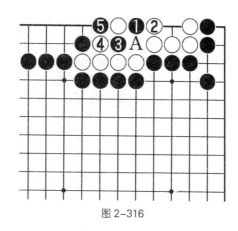

图 2-316

（图2-316）黑1靠时，白如随手在2位应，将出现大麻烦。

黑3、5提后，由于白棋气太紧，A位已接不上，白被杀。白2也不能在4位挡，否则黑A位断，白两边成不入气状态。

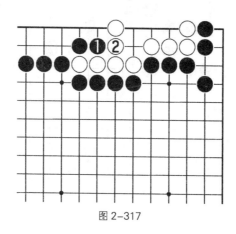

图 2-317

（图2-317）黑1冲，是典型的大恶手。白2粘后，白地成3目，黑棋一无所获，显然不满。

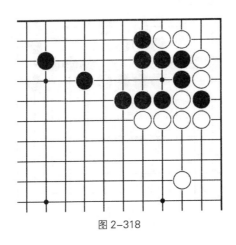

图 2-318

（图2-318）黑棋应充分利用常用的着法，去获取官子的便宜。

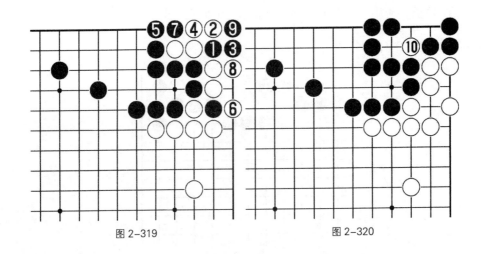

图 2-319   图 2-320

（图2-319）黑1断是必然之着，白2打只能如此。

黑3立，白4粘是利用"倒脱靴"的手筋，以下至黑9提四子成必然。

（图2-320）接前图。白10虽能反吃掉黑三子，但由于是黑棋先提了白四子，所以，白角空只有1目。

224

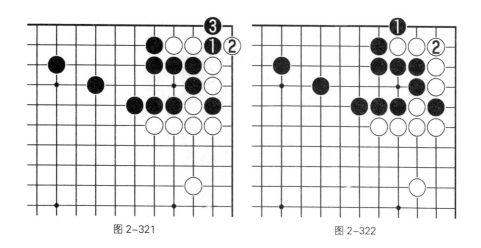

图 2-321　　　　　　　　图 2-322

（图2-321）黑1断时，白如2位打是错误的，黑3立下后，白棋明显
受损。

（图2-322）当初，黑随手1位扳是无谋的一手，白2粘上后，与（图
2-320）相比，黑棋损了4目。

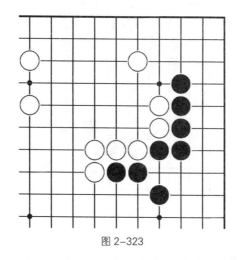

图 2-323

（图2-323）这是实战中经常下出来的形状，白棋明显存在弱点。
那么，棋形的要点在哪里呢?

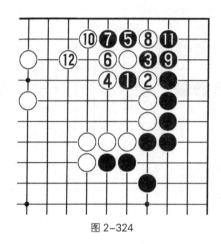

图 2-324

（图2-324）黑1跨是棋形的手筋，白2冲时，黑3断是相关联的好
手。以下至白12双方大致如此，黑大有收获。

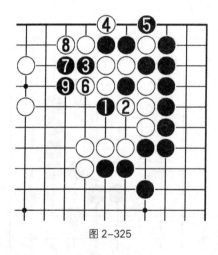

图 2-325

（图2-325）假如前图白12不补的话，黑有本图1位扳的严厉手段。
白2提，黑3断必然，以下至黑9拐，白已无法两全其美。

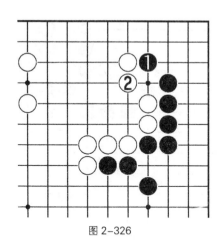

图 2-326

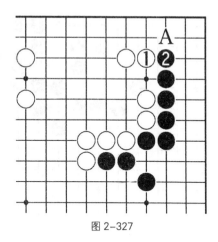

图 2-327

（图2-326）黑1小尖是一般人的第一感，但被白2长出后，与（图2-324）相比，黑显然不满意。

（图2-327）如果该白棋走，于1位并是一步很大的棋，黑2挡后，白先手获利。

白1如走A位飞，形状稍显薄弱。

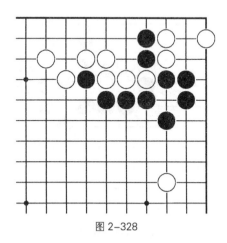

图 2-328

（图2-328）这个问题比较简单，黑棋应如何利用弃子来获得官子利益。

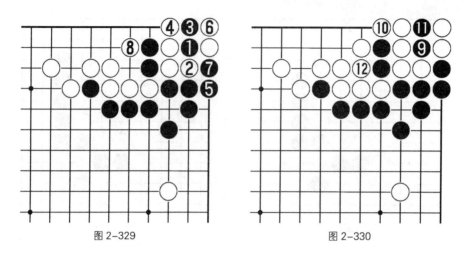

图 2-329   图 2-330

（图2-329）黑1挖入是严厉的手筋，然后再于3、5位立是相关联的好手。

以下至白8，双方势成必然。

（图2-330）接前图。黑9扑是必然的一手，以下至白12止，这是黑先手5目的官子。

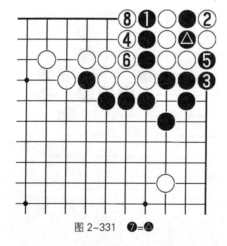

图 2-331   ❼=△

（图2-331）（图2-329）的黑5如于本图1位随手打，是错误的下法。以下至白8提，黑如果脱先的话，与前图相比，黑损了4目。

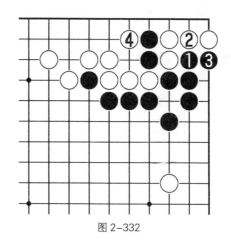

图 2-332

（图2-332）黑1冲是平庸的下法，以下至白4尖，黑一无所获。

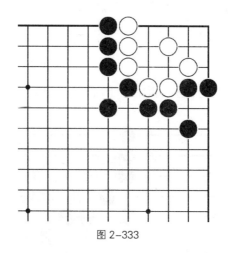

图 2-333

（图2-333）乍一看白地有8目棋，其实黑能走出官子手筋的话，白空将大大减少。

假如是盘细棋的话，黑棋将大有希望获胜。

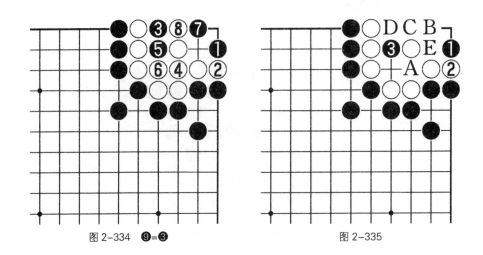

图 2-334 ❾=❸   图 2-335

（图2-334）黑1点入是出棋的先决条件，白2挡时，黑3靠是巧妙的好手。

为了防止双打，白4只能粘，黑5以下至9位扑，角上成双活，白地成3目。白4如走5位，则黑于4位扑。

（图2-335）黑3挖入也是好手，白只能A位粘，黑B、白C、黑D，与前图一样。白不能走D位，否则黑于E位打，白A、黑B之后，白损了。

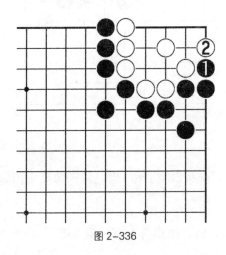

图 2-336

（图2-336）黑1拐是乏味的一手，一无所获。

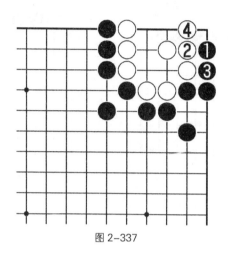

图 2-337

（图2-337）黑1点时，白2忍让，至白4成必然。

白角地虽是5目棋，但黑棋却变成了先手收官，白不能满意。

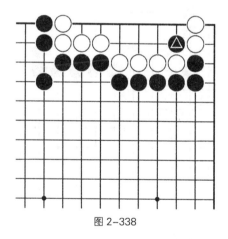

图 2-338

（图2-338）请利用黑▲一子，走出绝妙的官子手筋。

一般的思路是不会成功的，请抓住绝好的时机。

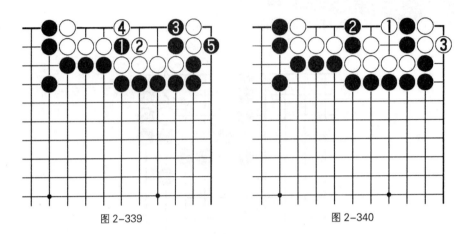

图 2-339   图 2-340

（图2-339）黑1断是成功的关键，白2打必然，黑3贴是绝妙的巧手，时机绝好。

白4如提，黑5吃掉白二子收获颇大。

（图2-340）前图白4如于本图1位尖，黑2立后成"金鸡独立"，白3还须后手补活，白失败。

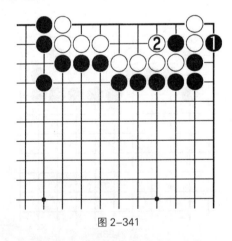

图 2-341

（图2-341）黑1扳和白2交换是典型的大恶手。

假如该白棋下，白走2位是正确的着法，这手棋具有后手10目的价值。

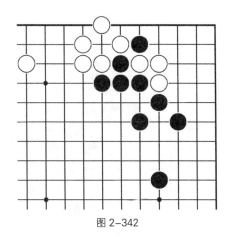

图 2-342

（图2-342）这是实战中下出来的形状。

黑棋怎样走才能获得官子便宜呢？请注意行棋的次序。

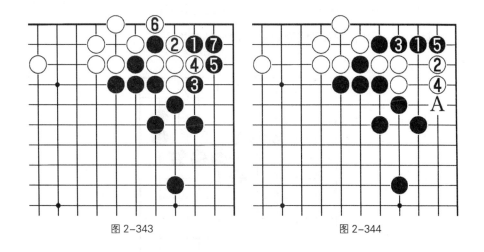

图 2-343　　　　　　　　　图 2-344

（图2-343）黑1点是锐利的手筋。白2拐吃没办法，黑3扳，以下至黑7粘，黑获利很大。

（图2-344）黑1点，白2跳应是无理手，黑3粘后，白失败。

白4如A位跳，黑仍5位挡，白也不行。

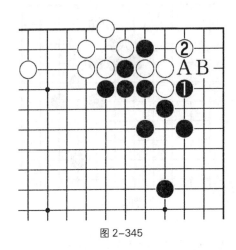

图 2-345

（图2-345）黑1如随手扳，是次序错误的下法。

白2尖是好手，这正是"对方的好点就是我方的好点"，黑不好。白2如走A位拐不好，被黑B位连扳后，白显然失败。

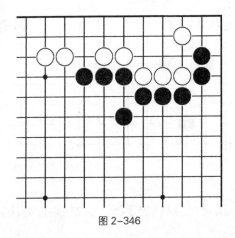

图 2-346

（图2-346）白棋形的味道很恶，黑应该有手筋可施展。

那么，黑棋的严厉手筋在哪里呢？

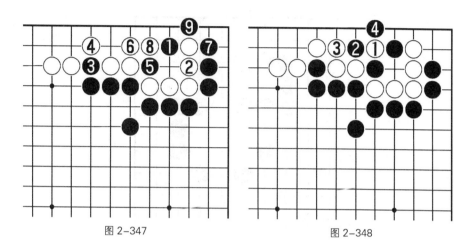

图 2-347   图 2-348

（图2-347）黑1靠是形的急所，也是严厉的手筋。

白如2位粘，黑3冲后再5位断是好手，以下至黑9，白大损。由此可见，白2只能在5位粘，让黑于2位冲断，减少损失。

（图2-348）白如1位打，黑2断打是好手，以下至黑4提，对杀白失败。

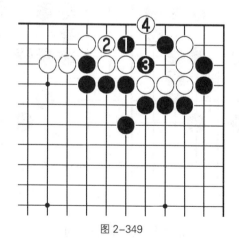

图 2-349

（图2-349）（图2-347）的黑5如1位托是错误的下法，当黑3断时，白4点是妙手，对杀黑失败。

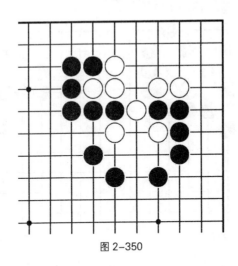

图 2-350

（图2-350）乍一看白棋形状已很完整，其实黑有手段可施展。

那么，黑棋的绝妙手筋在哪里呢？

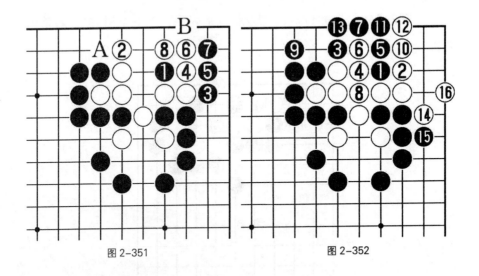

图 2-351

图 2-352

（图2-351）黑1靠，是不被人注意的手筋。

白2立大致如此，黑3扳颇为舒服，以下至白8成必然，黑先手获利。

白8如不理，黑A、白8、黑B，白不活。

（图2-352）白2如拐，黑3、5扳立严厉，以下至白16后手做活，黑大可满意。

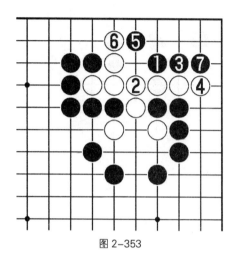

图 2-353

（图2-353）黑1靠时，白2如粘看似有力，其实是一步无谋之着。黑3贴严厉，以下进行至黑7挡，白全体不活，白2显然不能成立。

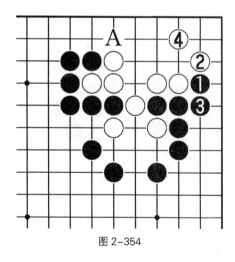

图 2-354

（图2-354）黑1、3扳粘虽是先手收官，但被白4补后，黑一无所获，显然失败。

黑1如在A位扳也是乏味的一手，白扳补后，黑仍不能满意。

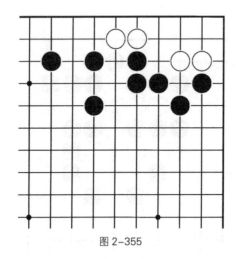

图 2-355

（图2-355）这个棋白棋是不会死的，但黑棋能走出手筋的话，将获得很大便宜。

要特别注意行棋的次序，能吃住左边白二子当然是大成功。

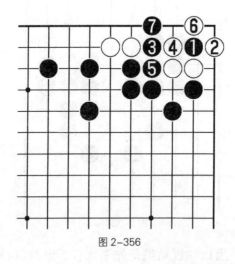

图 2-356

（图2-356）黑1夹是收官的手筋，白2只能扳，否则无法做活。

　　黑3扳出是和黑1相关联的好手，白4、6委屈做活没办法，至黑7吃掉白二子，黑成功。

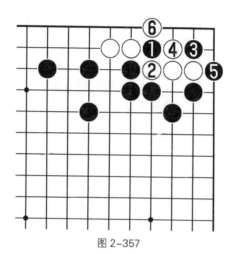

图 2-357

　　（图2-357）黑1先扳、再3位夹，是次序错误的下法。白4、6做活后，与前图相比，黑棋损失是显然的。

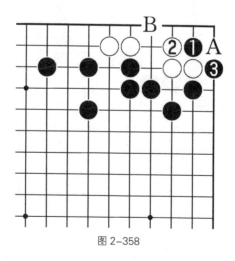

图 2-358

　　（图2-358）黑1靠时，白如2位曲是大恶手。

黑3渡过后，白净活已不可能，只有利用A位扑的手段，然后再B位做劫，这种下法白必定失败。

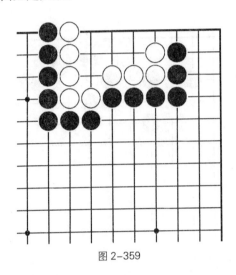

图 2-359

（图2-359）现在杀白是不可能的，只有利用官子手筋来获取利益。

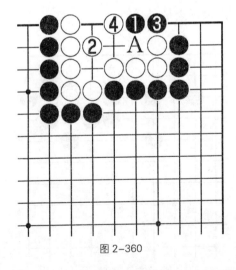

图 2-360

（图2-360）黑1点，是收官的手筋。白2是做活的唯一着法。

黑3先手退回，至白4。A位是白的权利，白地成3目，黑先手便宜2目。

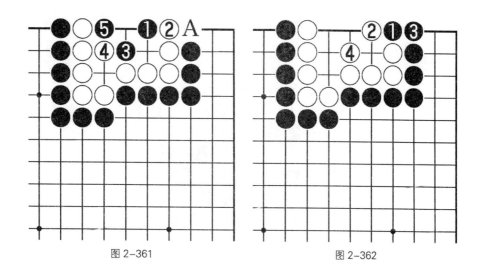

图2-361   图2-362

（图2-361）白如2位挡无理，黑3、5尖扑后，白成打劫活。白4如走5位，黑A位挡成先手双活。

（图2-362）黑如平凡地在1、3位扳粘，显然不好。

这样虽然也是先手，但白地变成5目，与（图2-360）相比损了2目。

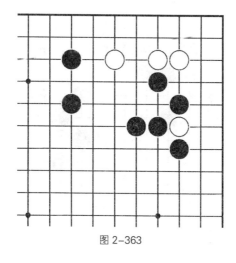

图2-363

（图2-363）这是星定式双飞燕下出来的常见之形。

正常情况下白棋应该补一手，但如果没补的话，黑棋采取什么样的手段获利呢？

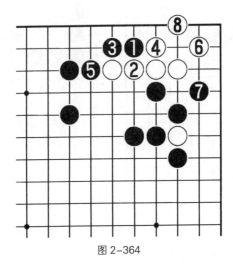

图 2-364

（图2-364）黑1点是严厉的手段。白2只能粘，黑3、5先手整形后，白6只能委屈求活，至白8后，黑满足。

白6如于7位尖，则黑于6位点，白相当危险。

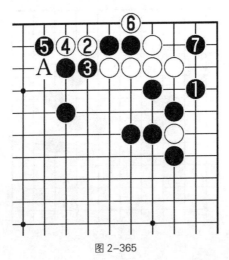

图 2-365

（图2-365）前图黑5如于本图1位尖，是严厉的杀棋着法。

白2扳至6位打后，黑7跳入，假如A位的断点没关系，白大块棋不活。

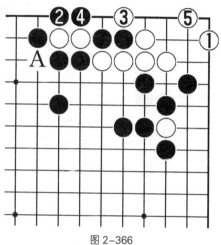

图2-366

（图2-366）前图白6如于本图1位做活，以下至白5成必然。黑棋能先手提掉白二子，当然可以满足。

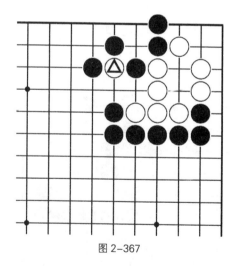

图2-367

（图2-367）在防止白⊿一子逃出的同时，又能减少白棋的目数，这是最佳的结果。

那么，如何走才能达到目的呢？

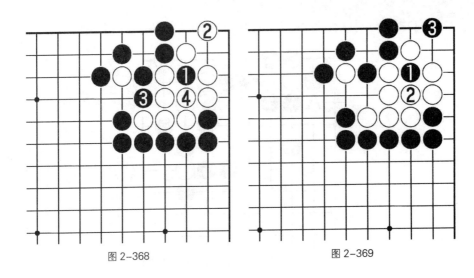

图 2-368   图 2-369

（图2-368）黑1扑是绝好的机会，也是此时的收官手筋。

白2尖虎是活棋的好手，黑3先手利后，不但限制了白一子的跳出，而且减少了白地1目棋。

（图2-369）黑1扑时，白2提大恶手。黑3跳入后，白棋被吃，失败。

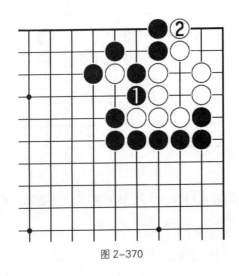

图 2-370

（图2-370）黑1虽是先手，但明显不好。白2补当然，与（图2-368）相比，黑损了1目。

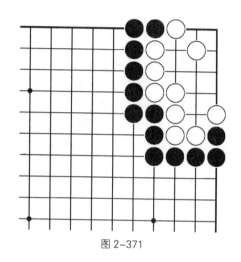

图 2-371

（图2-371）此时，白地看似有10目，其实黑有手筋可施展，使白地大大减少。

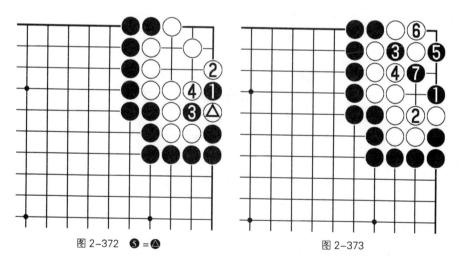

图 2-372　❺＝▲　　　　　　　图 2-373

（图2-372）黑1打必然，白2、4忍让只能如此。这样等于黑棋后手便宜了5目。

（图2-373）黑1打时，白2强行粘住是无理手。

黑3扑是绝妙的一手，白4只能提，以下至黑7，角上成双活，黑满足。

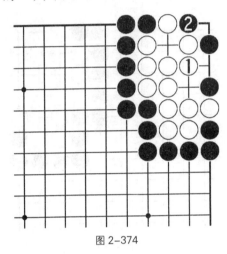

图2-374

（图2-374）前图白6如于本图1位团是大恶手。

被黑2扑后，白整块棋成打劫，白失败。

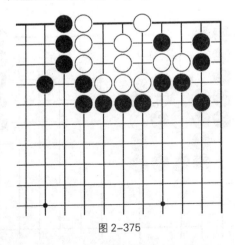

图2-375

（图2-375）这虽不是死活问题，但白棋如果随手而下，是有一定危险的。

黑棋的手筋在哪里呢?

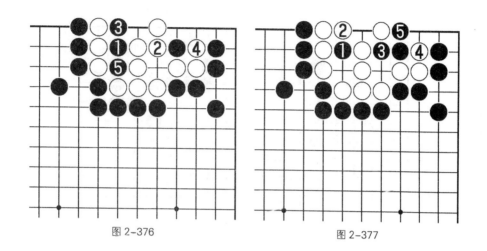

图 2-376   图 2-377

（图2-376）黑1点是锐利的手筋。白2只能忍让，黑3时，白4也没办法，被黑5提掉三子，黑成功。

（图2-377）黑1点时，白2位应无理。

黑3挤是强手，以下至黑5成打劫，白失败。

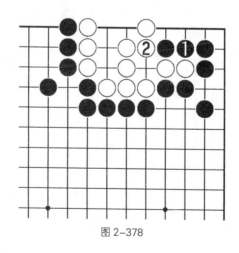

图 2-378

（图2-378）黑1随手打是无谋的下法，被白2粘后，黑一无所获。

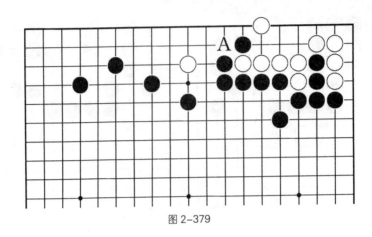

图 2-379

（图2-379）棋谚说："宁失数子，勿失一先。"在实战中争取先手是很重要的。

本图白A位断是一步很大的先手官子。那么，黑如何先手防住A位断的缺陷？

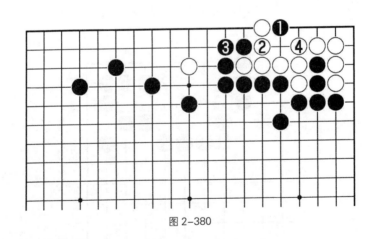

图 2-380

（图2-380）黑1靠是巧妙的官子手筋。

白2接时，黑3粘成为先手，白4只得后手补，黑棋显然取得成功。

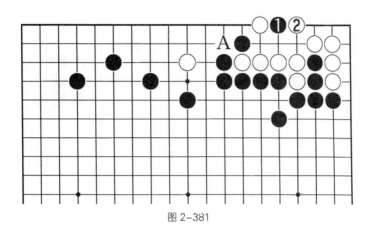

图 2-381

（图2-381）黑1靠，白如2位应，黑棋已经达到预期的目的。将来白A位断已不成立，黑1的妙味体现出来。

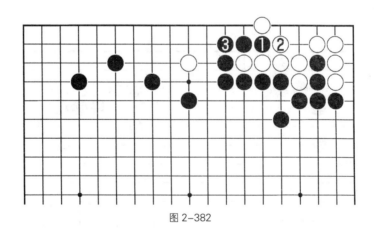

图 2-382

（图2-382）黑1冲后再3位接，是最普通的下法。白角上已成活棋，黑完全落了后手，当然不能满意。

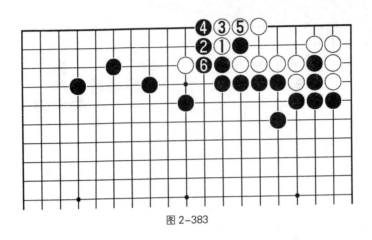

图 2-383

（图2-383）若轮到白棋先手，白在1位断是必然的，以下至黑6粘，白棋先手收官。

由此可见，此处是双方先手6目的官子，进入收官阶段，这是双方必争的地方。

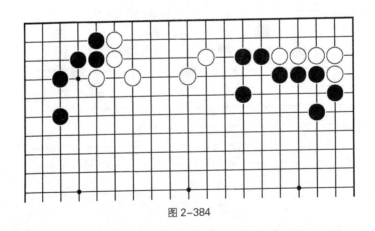

图 2-384

（图2-384）这是实战中下出来的形状。黑棋应如何利用白棋右上角的不足，去影响左边的白空，以求得官子的便宜呢？

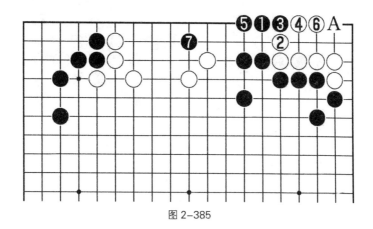

图 2-385

（图2-385）黑1跳是正确的下法，白2立时，黑3、5是绝对的先手，然后再于7位飞入，黑大有收获。

黑1在3位飞也是好手。白6不能脱先，否则黑于A位点，白角上成打劫活。

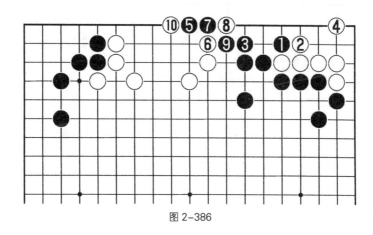

图 2-386

（图2-386）黑1、3虽也是先手，但此时不适用。

白4补活后，黑5只能大飞，以下至白10挡住，与前图相比，黑棋当然不能满意。

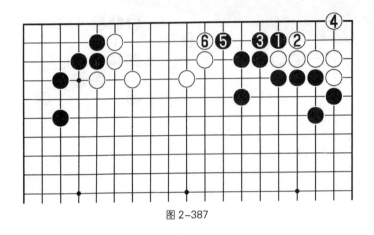

图 2-387

（图2-387）黑1、3扳粘更不好，白4补后，黑只能5位尖，白十分满意。

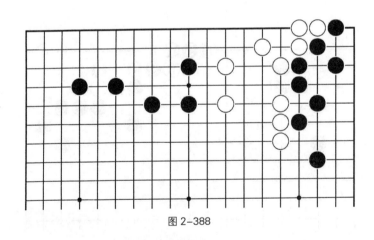

图 2-388

（图2-388）黑棋如能利用倒扑去获取官子便宜，是本形的最终目的。

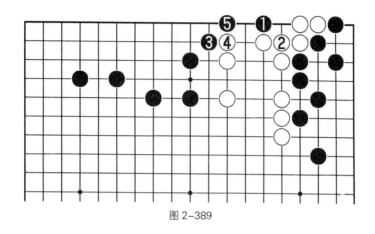

图 2-389

（图2-389）黑1托，是利用倒扑的收官手筋。

白如2位粘，黑3尖后可于5位扳回，显然获得了官子便宜。

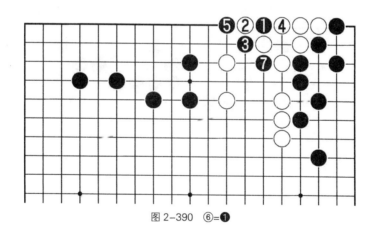

图 2-390　⑥=❶

（图2-390）黑1托时，白若2位扳吃无理。黑3断打后再5位抱吃是严厉的手段，以下至黑7，白棋被吃接不归，显然失败。

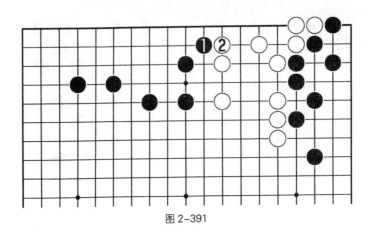

图 2-391

（图2-391）黑1尖，是平淡的下法。被白2挡后，所有的棋都烟消云散了。

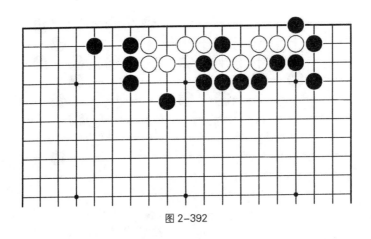

图 2-392

（图2-392）实战中常常会出现盲点，让人感觉无处着手。

本形就是这个问题，但只要细算还是能找出正确的收官手筋。

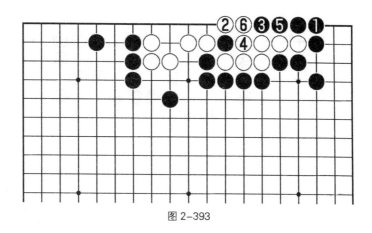

图 2-393

（图2-393）黑1粘是盲点之筋，也是此形的最佳收官下法。

白2打没办法，黑3托又是好手，以下至白6粘，黑先手获得官子便宜。

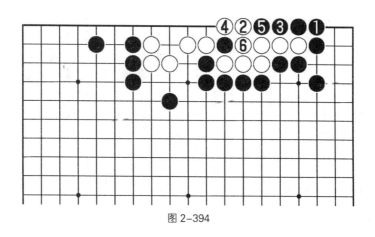

图 2-394

（图2-394）黑1粘时，白2尖也是无谋之着。黑3冲，以下至白6粘，与前图结果相同。由此可以看出，黑1的冷静之着取得了效果。

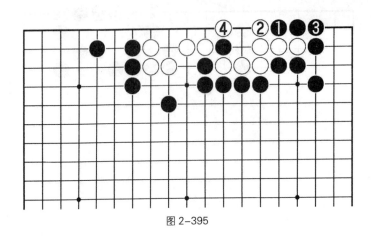

图 2-395

（图2-395）黑1爬，是错误的下法。白2、4两打后，与前两图相

比，黑棋损失了2目。

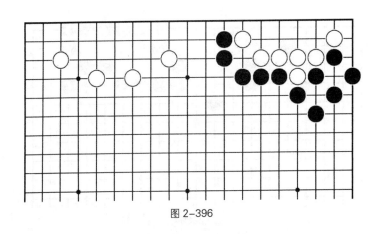

图 2-396

（图2-396）请充分利用白角上的不足，去侵消左边的实空，以求

获利。

一般的手段是不会成立的，请走出漂亮的着法。

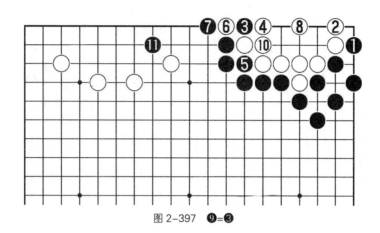

图 2-397　❾=❸

（图2-397）黑1扳是绝对先手，然后再于3、5位扳打是关键的好手。

白6提，黑7打是强手，以下至黑11踏入，黑棋大有收获。

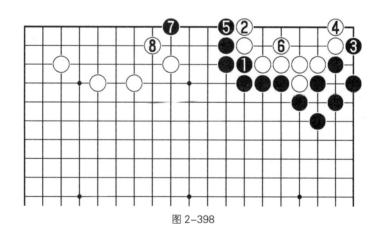

图 2-398

（图2-398）黑1挤是平凡的一手，虽也是绝对先手，但结果却大不一样。

白2立，好手，黑5虽也是先手，但之后黑只能在7位跳，与前图相比好坏一目了然。

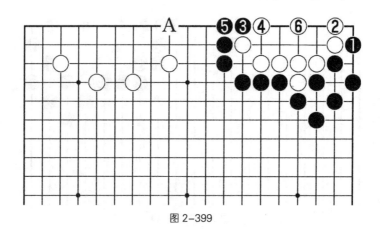

图 2-399

（图2-399）黑3、5扳粘也不好，白6补活后，黑也只能于A位跳入，当然不能满意。